7.40

Radio
5 Maart 1991.

Robert G Barnes

VIR DIE ENKEL-OUER

Lux Verbi

Oorspronklik uitgegee onder die titel
Single parent's survival guide
© 1987 Robert G Barnes, Tyndale
House Publishers, Inc, 336 Gundersen
Drive, Wheaton, Illinois 60187, USA
© 1988 Afrikaanse vertaling Lux Verbi,
Posbus 1822, Kaapstad 8000
In Afrikaans vertaal deur Lucia Wels
Alle regte voorbehou
Geset in 11 pt op 12½ pt Plantin
Gedruk en gebind deur
Nasionale Boekdrukkery
Goodwood, Kaap
Eerste uitgawe, eerste druk 1988

ISBN 0 86997 268 5

Inhoud

1 Die enkel-ouer se grootste probleem, 7
2 Kommunikasie: Geniet die tydjies bymekaar, 16
3 Seksuele aangeleenthede — by ouer en kind, 31
4 Dissipline sonder skuldgevoelens, 41
5 Naweke en vakansies, 47
6 Gaan my kinders glo soos ek?, 54
7 Geldsake, jy en jou kind, 62
8 Leer jou kind verantwoordelikheid, 68
   Bylae
9 Nuttige wenke vir die saamgestelde gesin, 76

LW!

Om lees te vergemaklik word in dié boek meestal sy/haar ten opsigte van die enkel-ouer en hy/hom vir die kind gebruik. Die vorme geld vanselfsprekend vir albei geslagte.

1 Die enkel-ouer se grootste probleem

"Soms lyk dit of my tienerseun lus is om weer iets lekkers saam met die gesin te doen. Maar nes hy begin ontspan, is dit asof daar iets is wat hom keer."

Só het 'n enkel-ouer eenkeer opgemerk, en daarmee aan die kern van die probleme van menige enkel-ouer-gesin geraak: die kind se gevoel van eiewaarde.

Wat is 'n gevoel van eiewaarde? Dit het te make met jou siening van jou eie waarde, met die manier waarop jy jou eie doelwitte, beginsels en vermoëns beoordeel; kortom, met jou selfbeeld.

Hoe jy oor jouself voel, beïnvloed al jou verhoudinge – dié met ander mense en dié met die wêreld en werklikheid waarin jy jou bevind.

Die belangrikheid van die selfbeeld kan nie oorbeklemtoon word nie. Dit raak alle vlakke van 'n mens se lewe – dit beïnvloed jou keuse van vriende en van 'n lewensmaat, asook jou verhouding met die ander lede van jou gesin.

Selfs waar 'n kind weet dat hy nie werklik tot sy ouers se egskeiding bygedra het nie, kan dit gebeur dat hy hom weens 'n swak selfbeeld aan die gesin onttrek. Die gesin is die primêre omgewing vir die kweek van 'n gevoel van eiewaarde – waar die gesinseenheid ontwrig is, kan dit 'n negatiewe invloed hê op die ontwikkeling van die kind se selfbeeld.

Hoe kan die enkel-ouer verseker dat sy kind 'n gesonde gevoel van eiewaarde ontwikkel?

BABADAE

Die vaslegging van 'n gesonde selfbeeld begin reeds by geboorte. Die ouer kan daartoe bydra deur *in die basiese behoeftes van die baba te voorsien.*

Liggaamlike behoeftes
Dit sluit die behoefte aan voeding, warmte en gerief in. Die ouer moet byvoorbeeld toesien dat die baba nie lang tye aaneen met 'n nat doek lê nie.

Dit is van groot belang om in hierdie mees elementêre behoeftes van die kindjie te voorsien. Aan die ander kant gebeur dit dikwels dat ontwrigte en ongelukkige ouers juis *net* hierna omsien.

Emosionele behoeftes
Dit is die baba se behoefte aan liefde en gerusstelling. Die kind wat dikwels vertroetel word, voel dat hy welkom is in die gesin en dat sy ouer hom liefhet.

Sintuiglike stimulasie
Die baba het 'n behoefte om sy omgewing te verken. Hy doen dit deur te luister en te kyk en aan dinge te vat, te proe en te ruik.

'n Kind wat positief is oor homself, probeer gedurig nuwe dinge doen. Hy sal byvoorbeeld leer loop en praat sonder om bang te wees dat hy dalk sal misluk.

Daar is baie ontwikkelingsfases in die lewe van die baba en latere kleuter. Die aanmoediging van die ouer is hier van die uiterste belang. Of die kleintjie nou leer om self te eet of die toilet te gebruik – dit is die ouer se goedkeuring en aanmoediging waarna hy soek elke keer as hy 'n nuwe mylpaal bereik. Die ouer moet dus sorg dat hy sy kind se grootste bewonderaar is.

VROEË KINDERJARE

Die ontwrigting in die gesin kan òf deur 'n egskeiding òf deur die dood van 'n ouer veroorsaak word. Wanneer dit gebeur, moet die kind noodwendig 'n tyd lank sonder die aandag van een of albei van sy grootste bewonderaars klaarkom. Waar die oorblywende ouer self emosioneel ontwrig is, sal hy of sy heel waarskynlik nie in staat wees om die nodige aandag en ondersteuning aan die kind te gee nie.

Mettertyd behoort dit egter wel vir die enkel-ouer moontlik te wees om opnuut die aanmoediging en steun te gee wat die kind so nodig het. 'n Klein kindjie voel dat hy iets beteken as 'n ouer met aandag *luister* na wat hy probeer sê. Deur te luister toon die ouer respek vir die kind, wat sy gevoel van eiewaarde versterk.

Huweliksprobleme tussen sy ouers duik dikwels gedurende die eerste twee jaar van 'n kind se lewe op. Dit kan daartoe lei dat die ouers so vasgevang raak in hul eie konflik en rusies, dat hulle nie die nodige aandag skenk aan die kind se pogings om te kommunikeer nie.

Indien só 'n situasie onstaan het, kan die enkel-ouer dit herstel deur weer die kind se grootste bewonderaar te word. Sy ouers – of ouer – *is* sy sekuriteit. As Ma sigbaar opgewonde is omdat Jannie sy driewiel baasgeraak het, sal hy ook glo dat dit 'n besonderse prestasie is. Hy sal onbewustelik vir homself sê: *"As Ma dink ek is oulik, dan is dit seker so!"*

Die enkel-ouer kan ook die jong kind se selfvertroue help ontwikkel deur bepaalde *reëls* in die huishouding te laat geld. Hierdie reëls moet vir die kind verstaanbaar wees en konsekwent toegepas word. Hy moet presies weet wat hy mag en wat hy nie mag doen nie. Dit sal hom leer om te onderskei tussen reg en verkeerd, en dít sal hom weer laat voel dat hy in beheer is van sy omgewing en omstandighede. Konsekwente dissipline en orde in die ouerhuis help om stabiliteit en ewewig aan die kind se lewe te gee.

Dikwels is dit juis stabiliteit wat in die enkel-ouer-gesin ontbreek. Dié gesin is soos 'n skip met 'n gat in die romp - solank die bemanning water bly uitpomp, sink hy nog nie, maar hy is ver van seewaardig af.

Die enkel-ouer wat toesien dat daar orde en dissipline in die huishouding is, boesem vertroue by die kind in. En sodra daardie jong kind voel dat die gesin nie meer gevaar loop om te sink nie, sal hy ook meer positief teenoor homself raak.

Daar is egter nog iets belangriks omtrent reëls wat die enkel-ouer altyd moet onthou: dissipline is gesond en positief, mits die kind die reëls ken en verstaan en hy daarbinne vry is om te speel en sy wêreld te ontdek en te verken. Hy *moet* die vryheid hê om kind te wees.

LAERSKOOLJARE

Wanneer die kind vir die eerste keer skool toe gaan, leer hy baie nuwe mense ken en word hulle deel van sy daaglikse lewe. Sy persoonlikheid en ontwikkeling word nou nie meer nét deur die gesin bepaal nie, maar ook deur mense buite die ouerhuis.

Hy het nou ook binne daardie verband 'n bepaalde rol en sy onderwysers en skoolmaats gaan hom help om vas te stel wie hy nou eintlik is en waar hy tuis hoort en inpas.

Die kind se sosialiseringsproses begin in werklikheid as hy die eerste keer skool toe gaan. Hy moet byvoorbeeld leer om rekening daarmee te hou dat hy nie die enigste sesjarige is wat voor in die klas wil sit of die juffrou se tas wil dra nie.

In hierdie fase het hy nog steeds die aanmoediging en bewondering van die enkel-ouer nodig. Daarby moet die ouer ook sy ontwikkeling probeer aanhelp deur hom die geleentheid te gun om voortdurend nuwe vaardighede te bemeester.

Die kind moet nou op twee vlakke gelyktydig ontwikkel. Hy moet enersyds liggaamlik en akademies bybly, en andersyds deur sy maats aanvaar word. As hy op een van die twee vlakke presteer, sal hy des te harder werk om ook op die ander sukses te behaal.

Ongelukkig is die teendeel ook waar.

Die kind in wie se ouerhuis daar ontwrigting, konflik en onsekerheid is, is nie toegerus om die nuwe uitdagings wat skoolgaan bied, met vertroue aan te pak nie. Sy verwarring en onsekerheid sal skoolgaan vir hom vertroebel. Hy sal dit ook moeilik vind om maats te maak en gevolglik voel dat hy verwerp word. Al hierdie dinge kan daartoe bydra dat hy op akademiese gebied nie volgens sy vermoë sal presteer nie.

ADOLESSENSIE

Tydens adolessensie word die kind gedwing om as individu op te tree. As gevolg van klaswisseling en vakonderwys, kom hy ook daagliks met baie meer individue in aanraking.

Die tiener is baie meer uithuisig as die jonger kind. Sy belangrikste dryfveer tydens hierdie ontwikkelingsfase is om uit te vind presies wie en wat hy is – om homself as individu te ontdek.

In hierdie stadium is dit belangrik dat die enkel-ouer duidelik sal laat blyk hoe diep betrokke sy is by die tiener en by die res van die gesin.

Dit is nie altyd so maklik nie, want die tienerjare is

konflikjare. Dit beïnvloed noodwendig ook die kommunikasie tussen ouer en kind: enersyds het die adolessent 'n intense behoefte aan emosionele geborgenheid binne die gesin, en andersyds wil hy bitter graag op sy eie bene staan en onafhanklik van die gesin wees.

Hierdie optrede kan die enkel-ouer geheel en al verwar, veral as sy nie die steun van 'n huweliksmaat het nie. 'n Ouer het dié probleem soos volg beskryf:

"As ons as gesin saam gaan piekniek hou, besluit my tienerdogter op die nippertjie om weg te bly. Ek weet baie goed dat sy niks interessants te doen het nie – sy sien net nie kans vir 'n gesinsuitstappie nie. Hierdie soort gedrag laat my wonder of ek nie dalk my tyd mors nie."

Die tiener se verwarrende optrede kan die enkel-ouer diep ontstel, maar eintlik probeer die kind maar net vir sy ouer sê: "Ek wil graag saamgaan, maar ek weet nie of ek regtig welkom is nie." Dikwels is hy self nie eens bewus van hierdie onsekerheid nie. Hy weet nie dat hy in werklikheid hunker na die versekering dat die ander gesinslede hom nodig het nie.

Daar sal tye kom dat die tiener liewer by sy maats wil wees, omdat hy voel dat daar by hulle 'n groter mate van aanvaarding teenoor hom is as by sy gesin. By die huis is hy pynlik bewus van sy tekortkominge – daarom is hy so min as moontlik tuis.

Jan, die tiener, het sy ouer se aanmoediging en bewondering nog net so nodig as wat Jannie, die kleuter, dit gehad het. Daarom moet die enkel-ouer elke moontlike geleentheid aangryp om hom aan te moedig.

Te midde van haar eie ontwrigting en verwarring, leun die enkel-ouer dikwels te swaar op haar tienerkind. So 'n kind word as 't ware die ouer se maat en moet soms self die leiding neem. Dit dwing die tiener om soos 'n volwassene op te tree voordat hy werklik daarvoor gereed is. So 'n kind word nie die geleentheid gegun om rustig en natuurlik tot volwassenheid te groei nie.

Die enkel-ouer moet sorg dat haar kind genoeg beweegruimte het. Hy moet in staat wees om sélf te ontwikkel, selfs as hy nie by die gesin is nie.

In sy stryd om erkenning in sy wêreld, sal die tiener dikwels seergemaak en verneder word. Die enkel-ouer moet sorg dat die ouerhuis 'n veilige hawe is – 'n plek waar hy sy vertroue in homself en die wêreld kan herwin.

Hy sal selde erken dat dit vir hom iets beteken het en die ouer moet geen "dankie" verwag nie. Maar sy moet steeds *onvoorwaardelik en met oorgawe* haar tiener se grootste bewonderaar bly, nie omdat sy enige erkenning daarvoor ontvang nie, maar omdat hy haar so bitter nodig het.

ONVOORWAARDELIKE LIEFDE

Elke kind – van die baba tot die tiener – moet weet dat sy ouer hom liefhet en aanvaar net soos hy is en nie ter wille van sy prestasies nie.

Onvoorwaardelike aanvaarding en ouerliefde is noodsaaklik vir die kind se sekuriteit en die ontwikkeling van sy selfbeeld.

Dit gebeur soms dat die kind skielik vreemd optree – onverwags bang raak vir die donker en daarop aandring om by Ma te slaap. Of hy kan skielik begin om duim te suig of die bed nat te maak. Hierdie soort gedrag is die manier waarop hy onbewustelik sy ouer se liefde toets.

Dié regressie ná 'n vroeëre ontwikkelingsfase is myns insiens 'n aanduiding dat die kind behoefte het aan die emosionele geborgenheid wat hy tydens dáárdie fase ervaar het. Deur soos 'n kleiner kindjie op te tree, "vra" hy in werklikheid om na daardie tyd terug te keer.

Die enkel-ouer wat wil verseker dat haar kind se gevoel van eiewaarde bly groei, moet hom die geleentheid gun om te voel dat hy teen sy eie tempo kan ontwikkel – al beteken dit dalk dat hy soms tydelik na 'n vroeëre fase sal terugkeer. 'n Kind wat weet dat niemand vir hom sal lag as hy 'n tree of wat retireer nie, sal die moed hê om op sy eie bene te staan en nuwe dinge aan te pak.

Praktiese wenke

Hoe om die sosiale aanpassing en ontwikkeling van jou kind te help vergemaklik:

1. *Moedig hom aan om by gesonde groepaktiwiteite aan te sluit.* Daar is baie waaruit hy kan kies – buitemuurse aktiwiteite by die skool, sport, kultuurorganisasies vir jongmense, ballet- of dansklasse, die kerk se jeugaksie, ensovoorts.
2. *Wys dan dat jy opreg in jou kind én die groep waarvan hy deel is, belangstel.* Die kind weet hoe kosbaar tyd vir die enkel-ouer is. Deur nie net vir die balletklas te betaal en jou dogter daar af te laai nie, *maar te sit en kyk hoe sy oefen, wys jy dus duidelik dat jy werklik belangstel.* Dit sal die kind se gevoel van eiewaarde 'n hupstootjie gee.
3. *Sorg dat jou kind se vriende welkom voel in jou huis.* Jou kind moet die vrymoedigheid hê om sy vriende na sy ouerhuis te nooi. Dit moet vir hom lekker wees om nuwe maats binne die bekende warmte van sy gesin en tuiste te verwelkom. Dit dui nie net op gesonde gesinsbande nie, maar

> help hom ook om nuwe maats te maak – iets wat vir sy persoonlikheidsontwikkeling baie belangrik is.

ONTHOU

- Die kind leer homself ken deur die manier waarop die enkel-ouer teenoor hom optree.
- Hy gebruik die enkel-ouer as spieël om sy eie waarde te bepaal.
- Die enkel-ouer wat toesig en beheer oor die kind het, moet uit sy/haar pad gaan om die kind te verseker dat hy waardeer en aanvaar word soos wat hy is – nie ter wille van sy prestasies nie.
- Die enkel-ouer moet die kind se grootste bewonderaar wees. Sy moet hom aanmoedig en prys – van sy babadae af tot by die moeilike tienerstadium.
- Die enkel-ouer oefen 'n geweldige invloed uit op die ontwikkeling van die kind se selfbeeld.

> **Toets jouself**
>
> Wat sê en doen jy om jou kind te laat voel dat hy vir jou baie spesiaal is?

2 Kommunikasie: Geniet die tydjies bymekaar

"Ek en my kind kommunikeer nie – ons grom vir mekaar."

'n Baba word met sekere basiese behoeftes gebore en hy weet instinktief hoe om sy ma daarvan bewus te maak. Daarom huil hy as hy ongemaklik voel – as hy honger of nat is, koud kry of êrens seer het – of as hy sy behoefte aan liefde en aandag wil uitdruk.

Die een enkel-ouer sal waarskynlik die huilende baba optel en styf teen haar vasdruk, terwyl sy deurentyd saggies met hom praat. Daardeur verseker sy haar kindjie van haar liefde en sorg – dit is die kommunikasieboodskap wat sy oordra.

'n Ander enkel-ouer, wie se dag reeds oorlaai is, sal dalk net na haar kind se mees basiese behoeftes omsien. Die boodskap wat daardie baba ontvang, sê dus vir hom dat hy maar net nóg 'n plig is, nóg 'n nommer op haar oorvol lysie van take vir die dag.

STRUIKELBLOKKE IN DIE PAD VAN GESONDE KOMMUNIKASIE

1. *Emosionele probleme.* Die enkel-ouer ondervind dalk ernstige emosionele probleme. Dit kan daartoe lei dat sy onbewustelik haar kind laat voel dat hy nie altyd op haar kan reken nie – en sy is waarskynlik die enigste bron van sekuriteit in daardie kindjie se lewe.

2. *Gebrekkige kommunikasievaardighede.* Egskeiding word

dikwels juis veroorsaak deur die onvermoë van man en vrou om te kommunikeer. 'n Enkel-ouer met daardie probleem mag dit dus moeilik vind om met haar kind te kommunikeer, hoe graag sy dit ook al wil doen.

Die gefrustreerde ouer se kommunikasie met haar kind gaan dalk tot skree en preek beperk wees. Kinders moet soms hewige argumente tussen hulle ouers aanhoor in die tyd voor die egskeiding. As die enkel-ouer daarna nog aanhou om gedurig vir die kind te skree, word dit later die enigste manier waarop daardie kind kán kommunikeer.

Dit kan ook gebeur dat die kind leer om dít te sê wat hy weet die ouer graag wil hoor, omdat hy daardeur verdere onenigheid kan vermy – al is dit nie eens die waarheid nie.

3. *'n Oorvol program.* Enkel-ouers is dikwels so besig dat daar nie tyd is om met hul kinders te gesels oor dinge wat regtig saak maak nie – of so lyk dit altans. Hulle dink dalk dat dié soort kommunikasie nie veel nut het nie, veral nie as die skottelgoed en die strykgoed staan en wag nie.

Die kind wat in so 'n huis grootword, leer later dat sy ma se kommunikasie met hom beperk is tot preke – wanneer sy die tyd daarvoor het. Geen kind sal aanhou probeer om met 'n ouer te praat as elke "gesprek" net uit 'n preek bestaan en hy nie ook die kans kry om iets te sê nie. Hy sal baie gou leer om die preke eenvoudig stilswyend te verduur.

4. *Televisie.* Televisie word soms die enkel-ouer se kinderoppasser. So 'n kind leer om passief te kyk en te luister – dit is nie nodig om op die televisie te reageer of 'n mening uit te spreek nie. Hulle raak dus daaraan gewoond om boodskappe te ontváng – wat wel deel is van die kommunikasieproses – maar nie om terug te kommunikeer nie. As gevolg hiervan kan gedurige televisiekykery dit nóg

moeiliker maak vir die gesin om saam te kuier, afgesien van die tyd wat só gemors word.

5. *Onverwerkte hartseer.* Die enkel-ouer en haar kind is intens bewus van die verlies – emosioneel én finansieel – wat 'n egskeiding of die dood van 'n eggenoot meebring. Die ouer wat agterbly, probeer dikwels om self op alle vlakke vir daardie gemis in die gesin se omstandighede te vergoed. Terselfdertyd is haar harde werk soms 'n poging om 'n bietjie van haar eie hartseer te vergeet. Sy kan egter nie onbepaald so voortgaan nie – die een of ander tyd sal sy daardie hartseer móét verwerk.

Dit is dikwels die kind van geskeide ouers se grootste ideaal om die gesin weer te verenig. In sy drome sien hy homself as die een wat sy ouers weer versoen laat raak. Hy vergeet dan skoon van die probleme en hartseer wat die egskeiding voorafgegaan het.

As daar betekenisvolle kommunikasie tussen die enkel-ouer en haar kind is, sal die een weet van die ander se emosies, hartseer en ideale. Maar ongelukkig is die ouer dikwels bang vir dié soort kommunikasie, omdat sy nie weet hoe om haar eie hartseer te verwerk nie. Sy weet ook nie hoe om vir haar kind, wat reeds so seergekry het, te sê dat sy drome en ideale onmoontlik is nie.

GEVAARTEKENS

Baie kinders leer nooit hoe om hul emosies te verwoord nie omdat daar nie behoorlike kommunikasie tussen hulle en hul ouers is nie. Daarom steek hulle vas by die kommunikasiepatroon van die baba – hulle stuur nie-verbale boodskappe of "seine" na hul ouers. Om dit uiteindelik te kan begryp, moet die ouer kan aflei watter emosies –

byvoorbeeld frustrasie of angs – hy of sy aan die "seine" moet koppel.

Kinders wat geleer het hoe om hul emosies te verwoord en boonop ouers het wat met die nodige aandag na hulle luister, sal ook makliker leer hoe om hul emosies te verwerk. As 'n kind nog nie die nodige kommunikasievaardighede bemeester het nie, is dit vir sy ouer ook baie moeiliker om hom te help. Want daardie ouer moet, soos met 'n baba, eers vasstel wat die "noodsein" beteken voordat sy iets aan die situasie kan doen.

Die kind wat nie oor sy hartseer en gemis kan praat nie, is dikwels buierig en wispelturig, en dit vererger net die enkel-ouer se probleme. Sy is op haarself aangewese om die kind se gedrag en optrede te probeer ontleed en te verstaan – self kan hy mos nie daaroor praat nie. As sy hom sou vra wat makeer, sal sy antwoord waarskynlik wees: "Niks."

Alle kinders maak soms van dié soort "seine" gebruik. Dit is net soveel makliker vir die ouer sowel as die kind as hy weet hoe om oor sy emosies te praat, en as sy weet hoe om met onverdeelde aandag na hom te luister – dan is "noodseine" mos oorbodig.

Hierdie soort nie-verbale kommunikasie loop in die enkel-ouer-huis gevaar om tot negatiewe gedrag te lei. Dit kan gebeur as die kind se onverwerkte emosies al hoe sterker raak en sy "noodseine" dus al hoe dringender. Wanneer die ouer dan uiteindelik probeer om dit met hom te bespreek, voel hy in die meeste gevalle dat hy tóg nie weet hoe nie, en hulle dus niks deur so 'n gesprek sal bereik nie. Dan misluk die poging om te kommunikeer sommer uit die staanspoor.

Kinders kan wel vroegtydig leer hoe om suksesvol te kommunikeer, maar dan moet hul ouers bereid wees om tyd en aandag aan hulle af te staan.

DIE VYF KOMMUNIKASIEVLAKKE

Geen mens weet sommer vanself hoe om op 'n diepsinnige en betekenisvolle manier te kommunikeer nie. Dit is iets wat mettertyd ontwikkel en aangeleer word. Die enkelouer wat self gemaklik oor haar emosies praat, sal dit vir haar kind makliker maak om ook só te leer kommunikeer.

Daar is 'n sielkundige teorie dat die mens op minstens vyf vlakke kommunikeer. Die vyfde is 'n veilige en baie oppervlakkige vorm van kommunikasie. Ons kan dit *cliché-kommunikasie* noem, juis omdat dit so niksseggend is. 'n Kind sal byvoorbeeld vroegoggend by die kombuis instap, en die gesprek sal soos volg verloop:

Ouer: "Môre."
Kind: "Môre, Ma."
Ouer: "Het jy lekker geslaap?"
Kind: "Ja, dankie."

Al wat hier gebeur, is dat ouer en kind te kenne gee dat hulle van mekaar se teenwoordigheid bewus is. Ook die groet ná skool kan as *cliché-kommunikasie* beskou word:

Ouer: "Hoe het dit vandag by die skool gegaan, Johan?"
Kind: "Goed dankie, Ma."

Die vierde vlak van kommunikasie is dié waar die enkelouer en haar kind *mekaar inlig oor ander mense se doen en late*.

Ouer: "Ek het Piet gister op 'n nuwe fiets sien ry."
Kind: "Ja, hy het dit vir sy verjaardag gekry."

Ook hierdie soort kommunikasie is baie oppervlakkig en

"veilig", want hier word nog steeds niks oor persoonlike emosies gesê nie. Dit is bloot die oordra van nuusbrokkies en dit het niks te doen met die verhouding tussen ouer en kind, of die verbetering van daardie verhouding nie.

- Die derde kommunikasievlak het al so 'n bietjie meer diepte, want hier word darem al 'n mening uitgespreek. Die enkel-ouer en haar kind sal byvoorbeeld vir mekaar sê wat hulle van 'n betrokke situasie dink, en daardeur word emosies vir die eerste keer werklik deel van die gesprek.

    Ouer: "'n Ma moet tuis wees – by haar kinders. Sy is nie veronderstel om die hele dag êrens anders te werk nie."
    Kind: "Ek kan dalk naweke êrens gaan werk, sodat ek ook 'n bietjie geld kan verdien."

Hier sê ouer en kind nog nie vir mekaar presies hoe hulle voel nie, maar hul emosies word darem by die gesprek betrek. Dit is die kommunikasievlak wat waarskynlik darem in die meeste huise aangetref word.

- Op die tweede vlak vind ons dat ouer en kind *sê hoe hulle voel* – hoewel hulle meestal oor ander *dinge* as hul eie verhouding praat. 'n Tipiese gesprek op dié vlak sal dus so lyk:

    Ouer: "Ek hou regtig nie daarvan om in dié ou skedonk rond te ry nie."
    Kind: "En ek wou dit nou nie eerder al vir Ma sê nie, maar ek kry eintlik skaam as Ma my daarmee by die skool gaan aflaai."

Hoewel hulle hier duidelik sê hoe hulle voel, het hulle nog nie oor dié ding wat hulle albei die diepste raak, naamlik hul verhouding, gepraat nie.

- Op die eerste en diepste vlak van kommunikasie, is daar *volkome openhartigheid en eerlikheid* tussen die enkelouer en haar kind. Wanneer hulle dié vlak bereik, kan haar kind reguit vir haar sê wat hom pla of seermaak, sonder om te vrees dat sy hom dalk daaroor gaan verwyt. Dié soort kommunikasie ontstaan nie sommer vanself nie – die enkel-ouer moet die pad daarvoor voorberei en haar kind dan stap vir stap op daardie pad lei. 'n Gesprek tussen hulle kan dan só lyk:

Ouer: "Ek weet ek moenie so voel nie, maar dit het my tóg seergemaak toe jy verlede naweek so lekker by jou pa (of ma) gekuier het. Ek wil graag hê jy moet lekker kuier daar, maar dit maak my seer en ek weet nie of ek iets daaraan kan doen nie."

Kind: "Ek is jammer ek het Ma seergemaak toe ek kom vertel het hoe lekker die naweek by Pa was, maar ek wou maar net sê hoe ek voel. Moet ek in die vervolg liewer stilbly en niks daaroor sê nie? Want ek wil Ma regtig nie seermaak nie."

Ouer: "Nee, natuurlik moet jy vir my kan vertel as jy lekker kuier. Ek wil baie graag weet hoe jy voel. Die probleem lê eintlik by my – ek is so lief vir jou dat ek dit soms nie kan help om onseker te voel oor jou liefde vir my nie. Ek weet jy het dit nog nooit vir my nodig gemaak om so te voel nie, en ek sal maar net eenvoudig moet probeer om meer positief te wees oor jou kuiertjies by jou pa."

Dié soort kommunikasie bevorder 'n gesonde verhouding

tussen ouer en kind. As hulle op dié manier met mekaar oor hul vreugde en hartseer kan praat, beteken dit dat hulle mekaar volkome vertrou. Hulle weet dan dat die ander een nie daardie hartseer of onsekerheid sal probeer uitbuit of dit as wapen sal probeer gebruik nie.

SKEP KOSBARE TYDJIES SAAM

1. *Rig jou program só in dat jy tyd saam met jou kind kan deurbring.* As jy dit nie doen nie, sal hy tevrede moet wees met die afskeeptydjies wat oorbly as alles vir die dag of week gedoen is. En dit is die tye wanneer jy moeg gehardloop en gewerk gaan wees.

2. *Maak spesiaal 'n afspraak met jou kind.* Jy kan hom dalk vir ete uitneem. Dit is vir die enkel-ouer en die kind makliker om te kommunikeer as hulle gereeld so 'n bietjie wegkom van hul alledaagse omstandighede en omgewing af.

So 'n tydjie saam moenie wees om saam na 'n opvoering of filmvertoning te gaan nie. Nee, jy en jou kind moet *saam kuier* sonder dat julle aandag deur iets anders afgetrek word. Gaan eet saam of doen saam inkopies, want die kind moet darem ook nie voel asof dit 'n vergadering is nie. Hy moet sonder spanning of druk kan gesels en sê hoe hy voel, terwyl die enkel-ouer met volle aandag luister en op haar beurt vir hom wys dat sy mening en smaak vir haar belangrik is.

Jy voel dalk dat jy eenvoudig nie genoeg tyd het vir so 'n gereelde afspraak met jou kind nie. Ek het eenkeer gelees dat Charles en John Wesley, wat so bekend is vanweë hul evangelisasiewerk in die agtiende eeu, uit 'n gesin met negentien kinders gekom het. Mevrou Wesley se spannetjie moet nogal 'n handvol gewees het, veral as 'n mens in aanmerking neem dat sy sonder al ons moderne hulpmiddele die mas tuis moes opkom. Tog het sy dit reggekry om een uur per week aan elkeen van haar negentien kinders af te staan. Dit was vir haar so belangrik om met elkeen van hulle te kommunikeer dat sy geen moeite of tyd ontsien het om dit te doen nie.

3. *Eet saam aan tafel.* Geslagte lank het gesinne saans saam aan tafel geëet. Daar het hulle gesels en gekuier, mekaar behoorlik leer ken en leer liefkry. Daar was geen televisieprogramme wat hulle stilswyend, met borde op die skoot, vasgenael laat sit het nie. En niemand se program was só druk dat hy net moes sluk en hardloop nie.

Die enkel-ouer kan vandag ook van etenstyd meer as net 'n maaltyd maak. Moedig jou kinders aan om saans saam met jou aan tafel te gaan sit sodat julle rustig kan eet en 'n bietjie met mekaar kan gesels. Probeer julle daaglikse aktiwiteite só beplan dat julle minstens een maaltyd per dag saam kan eet. Dié tydjie saam kan later vir jou én jou kinders 'n baie kosbare asemskepkans word.

Toe ek 'n kind was, het ons altyd saans met aandete die alfabetspeletjie gespeel. Daar is elke aand 'n ander onderwerp gekies, byvoorbeeld motors, diere of stede. Dan het elkeen aan tafel 'n beurt gekry om iets oor daardie onderwerp te sê. Die speletjie is nog interessanter gemaak deurdat elkeen se bydrae met 'n opeenvolgende letter van die alfabet moes begin.

Die doel van so 'n speletjie is natuurlik om die kinders elke aand aan tafel te kry. Later word die gesinsete 'n gewoonte en gesels ouer en kinders makliker oor hul eie emosies en ervarings.

4. *Die belangrikheid van gesinstradisies.* Daar is twee soorte

gesinstradisies: dié wat met sekere tye en geleenthede verband hou, en dié wat dwarsdeur die jaar 'n instelling is. So 'n instelling is iets wat op 'n gereelde grondslag deur ouers en hul kinders gedoen word. Dit hou geen verband met feesdae of spesiale gebeurtenisse nie, en die doel daarvan is eenvoudig om as gesin iets lekkers saam te doen.

By ons is speletjiesaand so 'n instelling. Ons sorg dat ons almal een aand van die week – gewoonlik op 'n Donderdagaand – tuis is. Een lid van die gesin moet dan die speletjie vir die aand kies, en 'n ander moet sorg vir iets lekkers om te eet.

So 'n aand raak naderhand vir 'n kind dié aand van die week, 'n baie spesiale aand – al gaan hulle later, as hulle groter is, baie hard probeer om nie te laat blyk presies hoeveel dit regtig vir hulle beteken nie!

As so iets eers ingestel is, moet die enkel-ouer nie toelaat dat enigiets daarop inbreuk maak nie. Onthou, dit gaan hier om baie meer as net 'n speletjiesaand; dit raak die gesin – die verhouding tussen ouer en kinders, asook dié tussen die kinders onderling.

So 'n instelling gee vir die kind 'n gevoel van sekuriteit en geborgenheid, veral as hy begin voel dat die gesin besig is om heeltemal te verbrokkel. Dit laat hom voel dat daar nog vir hulle lekker saamdoendinge is en dat dié dinge vir almal belangrik is. Dit geld ook tradisies ten opsigte van spesiale gebeurtenisse, soos Kersfees. Onthou ook dat dit nooit te laat is om met so 'n instelling te begin nie.

EEN GESIN SE KERSTRADISIE

Jy mag dalk dink dat kinders later moeg raak vir gesinstradisies. Die manier waarop my vrou se familie Kersfees vier, het vir my egter duidelik die teendeel bewys.

Vir my was Oukersaand nog altyd die mees spesiale tyd van die hele Kersseisoen. Vir my vrou en haar familie ook, het sy vir my gesê toe ons vir die eerste Kersfees ná ons troue na haar ouers toe is.

Sy het my deeglik ingelig omtrent hul Kersfeestradisie. Die hele familie gaan Oukersaand na die spesiale Kersdiens by kerslig in hul gemeente. As hulle ná die diens by die huis kom, trek almal hul kerkklere uit en hul slaapklere aan. Ook nie sommer enige slaapklere nie – dit moet kwansuis *flennieslaapklere* wees!

Ek kon my ore nie glo toe ek die eerste keer daarvan hoor nie. "Wil jy vir my sê dat jou broers vandag nog elke Oukersaand in hul flennieslaapklere rondloop?" het ek stomgeslaan gevra.

Rosemary het my ewe verwonderd aangekyk. "Maar natuurlik – dis dan tradisie by ons!"

Ek het nog in die stilligheid gewonder of dié yslike mans, wat al almal self pa's is, regtig die aand in flennieslaapklere sou deurbring. Van my sou dit beslis nie verwag kon word nie – ek het nie eens iets soos flennieslaapklere besit nie!

Op Oukersaand is ons toe ook almal saam na die kersligerediens toe. Terug by die huis, is almal kamer toe om hul kerkklere uit te trek. Toe ek 'n rukkie later met my gemaklike klere in die sitkamer kom, kon ek my oë nie glo nie. Want daar was drie geslagte van my skoonfamilie bymekaar – en nie een sonder flennieslaapklere nie! Ek het gevoel of ék die een met die snaakse klere aan was!

Hulle het die Kersverhaal uit Lukas voorgelees en 'n paar Kersliedere gesing. Dit was 'n Oukersaand presies soos al die voriges – want dié tradisie was al 'n stuk of dertig jaar lank onafskeidbaar deel van die familie. Niemand sou eens daarvan droom om enigiets daaraan te verander nie.

Elkeen kon ná die gebed een geskenk oopmaak. Rosemary en haar broers het soos kinders gesoebat om nog net énetjie te mag oopmaak. Dit was ook al deel van die tradisie en elke versoek is, soos soveel keer in die verlede, geweier.

Ek het ook 'n geskenk gekry en almal het afwagtend na my toe gedraai. Ek moes dit daar en dan oopmaak. Toe bars almal uit van die lag – want my geskenk het my 'n volwaardige lid van die familietradisie gemaak. Ja, dit was flennieslaapklere!

My skoonouers het albei sendingwerk gedoen en hulle was nooit ryk nie. Maar ek het gou besef dat hulle in werklikheid skatryk was – aan liefde, warmte en gesinseenheid. Daarom was die gesinstradisies vir almal so belangrik. Vir hulle is Kersfees nie bloot 'n tyd waarin almal geskenke kry nie – nee, dit is die blye herdenking van Christus se geboorte en 'n tyd ryk aan gesinstradisies.

PRAAT MET JOU TIENER

Hoe ouer die kind word, hoe belangriker word die gesin se kuiertydjies vir hom. Dié adolessent wat weet dat hy sy enkel-ouer se onverdeelde aandag het as hulle twee saam is, sal nie skroom om met haar te kommunikeer nie.

Een ma stel dit só: "Ek en my oudste seun gaan eet al jare lank gereeld saam 'n hamburger – net ons twee. Deesdae lyk dit vir my asof hy nie kan wag vir ons afspraak nie, want hy bêre al die belangrikste dinge wat hy vir my wil sê vir ons twee se tydjie saam."

Dis soms vir die enkel-ouer moeilik om na haar tiener te luister sonder om hom in die rede te val. Die versoeking is soms baie groot om hom reg te help – met sy woordeskat én sy menings.

Dit is egter van die grootste belang dat die kind sy mening ongehinderd moet kan uitspreek. Natuurlik mag die ouer sê as sy nie saamstem nie, maar sy moet bereid wees om eers klaar na haar kind te luister – met 'n positiewe gesindheid én met haar volle aandag. Hy moet kan weet dat sy mening ook vir haar belangrik is.

Die kind wat voel dat sy ouer regtig na hom luister, sal ook weet dat hy haar aandag nie op allerhande ander maniere hoef te trek nie. Dit is mos nie nodig nie – sy luister en sy gee om.

'n Kind wat in elk geval goed met sy ouer kommunikeer, sal makliker oor sy probleme kan praat wanneer dit nodig raak. Hy het mos al agtergekom dat sy ma nie vir hom sal preek nie, maar eerder sal probeer om die probleem saam met hom op te los.

Praktiese wenke

Hoe om met onverdeelde aandag te luister as jou kind met jou praat:

1. Probeer om van jou eie probleme te vergeet terwyl jou kind praat; dan gaan jy gouer en makliker verstaan wat hy vir jou probeer sê.
2. Moenie net met jou ore na hom luister nie. *Kyk* ook na hom – na sy gesigsuitdrukkings en sy houding en gebare. Dit sal jou help om beter te verstaan wat hy sê, en jou lyftaal sal vir hom wys dat jy régtig belangstel.
3. Gee jou onverdeelde aandag aan jou kind. Moenie met die een oor na hom luister terwyl jy eintlik besig is om jou kruidenierslys op te stel nie. Moet ook nie altyd wag totdat hy eers klaar gepraat het

> voordat jy antwoord nie. Neem aktief deel aan die gesprek, vra uit. Eers dan is dit ware kommunikasie.

ONTHOU

- Die enkel-ouer wat haar kind wil leer kommunikeer, moet ook die vrymoedigheid hê om háár mening uit te spreek.
- Die ouer moet met aandag en konsentrasie na die kind luister. Die kind moet kan voel dat daar vir hom plek en tyd in die enkel-ouer se lewe is. Sorg dat jy sulke tyd máák, want jou kind moet weet dat hy sy probleme met jou kan bespreek sonder om jou te pla. Hy moet nooit soos 'n laspos voel as hy iets ernstigs met jou wil bespreek nie.
- Gehalte-kommunikasie ontstaan nie sommer vanself of oornag nie. Die kind sal eers geleidelik moet leer dat sy ouer régtig omgee en régtig luister.
- Die kind wat sien dat hy nie net met afskeep- of oorblytyd tevrede hoef te wees nie, sal self makliker praat oor dinge wat pla. Gehalte-kommunikasie gaan gepaard met gehalte-tyd en gehalte-aandag – 'n kind wat genoeg daarvan in sy lewe het, sal nie bang wees om 'n mening te waag nie.

Toets jouself

Het jy al op 'n gereelde grondslag tyd ingeruim vir kommunikasie tussen jou en jou kind?

Het jy al vir hom gewys dat hy jou kan vertrou en dat jy hom en sy mening respekteer?

> Wat kan jy doen om die gesin se saamweestye vir almal spesiale tye te maak?

3 Seksuele aangeleenthede — by ouer en kind

"Dis regtig vir my 'n probleem – die feit dat ek aand na aand tuis by die kinders moet sit. En intussen geniet my gewese man sy vryheid terdeë. Dis vir my so moeilik om alleen te gaan slaap. Ten spyte van al ons bakleiery, het ek vroeër darem 'n man gehad om by te slaap."

Daar is waarskynlik duisende alleenloperma's wat dié frustrasie beleef. Hulle geniet jare lank 'n normale seksuele lewe, en dan kom alles skielik tot 'n einde.

Sommige enkel-ouers vind dit baie moeilik om nie seksueel betrokke te raak by die vriende wat hulle uitneem nie. Die feit dat 'n kind deur die hof in die ouer se bewaring geplaas is, verander niks aan die frustrasie en moontlike seksuele betrokkenheid van hierdie mens nie. Die kinders het eintlik niks daarmee te doen nie.

Hoe kan 'n enkel-ouer (of 'n adolessent) daarin slaag om nié seksueel betrokke te raak nie? Seksuele slaggate kan vermy word deur werklik te verstaan waar seks in 'n mens se lewe tuis hoort en wat die doel daarvan is.

Die alwyse God het van elke mens 'n man of 'n vrou gemaak, iemand wat tot 'n sekere geslag behoort en al die drange en begeertes het wat met sy ingebore geslagtelikheid saamhang. Hy het dit so bestem dat man en vrou tot mekaar aangetrokke sal voel. Seks is nie sleg of verkeerd nie. Dit is 'n gawe van God aan die mens, en ons moet dit dus op 'n bepaalde manier gebruik.

Elke mens staan in 'n bepaalde verhouding tot baie ander mense. Maar daar is één verhouding wat so spesiaal is dat God spesiale voorskrifte daarvoor neergelê het. Dit is die verbintenis tussen man en vrou – die huwelik. Ons

Vader wil hê dat man en vrou daarbinne 'n baie besondere intimiteit en gebondenheid moet ervaar. Daarom het Hy vir ons die gawe van geslagsomgang gegee. En Hy onderstreep die belangrike rol van dié gawe deur voortplanting daardeur te laat plaasvind.

Die enkel-ouer moet baie duidelik vir haar kinders wys dat sy 'n verantwoordelike benadering tot seks het. Haar voorbeeld moet duidelik en ondubbelsinnig wees.

Dit gebeur dikwels dat kinders van geskeide ouers moet toesien hoe hul pa weer sy lyf jongkêrel hou. Hy probeer dalk selfs om sy eie onsekerheid en ongelukkigheid agter 'n masker van losbandigheid te verberg. Maar daardeur wek hy by sy kinders die indruk dat 'n "ware man" iemand is wat elke nag saam met 'n ander vrou deurbring en dat seks dus iets is wat 'n mens moet gryp as jy dit in die hande kan kry. Sulke kinders gaan baie moeilik leer of verstaan dat dit 'n wonderlike geskenk van God is, 'n geskenk wat Hy aan man en vrou in die huwelik gee, 'n uitdrukking en seël van hul liefde vir mekaar.

Daarbenewens voel die alleenloperma dikwels dat sy seksueel misbruik is. Dan kan dit gebeur dat die kinders by haar weer die indruk kry dat seks iets leliks is, iets wat 'n mens liefs vermy.

Asof die verwarring daaromheen nie genoeg is nie, sien die kind ook nog hoe seks in die media as "ligte ontspanning" uitgebeeld word.

Dit is dus klaarblyklik uiters belangrik dat die enkel-ouer se gesindheid teenoor seksuele aangeleenthede so gesond, gebalanseerd en verantwoordelik moontlik moet wees. Die gesindheid van die ouer gaan in groot mate ook dié van haar kinders bepaal.

SEKSONDERRIG IS NIE 'N BIOLOGIE-LES NIE

Gesonde seksonderrig is nie net 'n biologie-les en 'n preek oor wat toelaatbaar en wat verbode is nie. Natuurlik moet 'n kind die fisieke sy daarvan ken en verstaan. Maar hy moet ook van kleins af al leer om sy eie en ander se geslagtelikheid te verstaan en verantwoordelik ten opsigte daarvan te wees.

Toe ek 'n seuntjie was, het ek elke jaar saamgegaan as my pa my ma se Kersgeskenk gaan koop het. Dit was al tradisie by ons om een Saterdag in Desember na 'n groot afdelingswinkel toe te gaan en daar vir haar 'n baie fyn en vroulike nagrok uit te soek.

Ek onthou nou nog hoe pynlik verleë ek tussen die damesonderklere was. Elke jaar was ek ook van voor af geskok oor die vreeslike bedrag wat my pa vir 'n blote nagrok betaal het! Hy het maar geduldig bly verduidelik hoe belangrik dié geskenk vir my ma was. Daarná het hy my altyd op 'n hamburger gaan trakteer, en destyds het ek aangeneem dat dít die eintlike rede vir die uitstappie was.

Eers jare later het ek besef dat my pa besig was om vir my met daardie jaarlikse uitstappie iets baie belangriks te leer.

Hy was eintlik besig om vir my te wys hoe belangrik dit vir hom was om my ma soos 'n baie spesiale vrou te laat voel, en dit het hy met daardie geskenk gedoen. Selfs al kon hy die geld goed gebruik het vir byvoorbeeld 'n stuk nuwe gereedskap, wou hy dit eerder op dié manier spandeer. My pa was besig om vir my te leer dat 'n vrou anders as 'n man is, dat sy anders voel en dink. Ná my moeder se dood het hy steeds elke moontlike geleentheid gebruik om my van dié verskille bewus te maak.

PRAAT OOR SEKS

Daar is seker nie 'n ander aspek van kinderopvoeding waaroor daar soveel gepraat word en soveel meningsverskil is as juis hierdie nie. Die groot strikvraag is wie almal by die kind se seksonderrig betrokke moet wees. Skole voel toenemend dat hulle ook 'n verantwoordelikheid hiervoor moet dra, aangesien dit duidelik is dat die kind *nie* altyd tuis behoorlik oor sy seksualiteit ingelig word nie. In die eerste plek is almal dit egter eens dat seksonderrig in die ouerhuis behoort te geskied.

Die meeste kinders leer op 'n baie vroeë ouderdom reeds dat seuntjies van dogtertjies verskil. Hulle word ook vroeg reeds geleer hoe om hul geslagsdele skoon te hou – en dié les in persoonlike higiëne kan sommer ook dien as wegspringplek vir die kind se geslagsvoorligting.

Dit is baie belangrik dat die grondslag vir behoorlike geslagsvoorligting reeds by die kleuter, dus by die drie- tot sesjarige kind, gelê word. Die kleutertjie praat sonder verleentheid oor seks. Hy is nuuskierig en wil dinge weet, soos waar babas vandaan kom.

Die enkel-ouer moet hierdie fase ten volle benut, want sy sal waarskynlik nooit weer die geleentheid hê om op so 'n gemaklike en natuurlike manier met haar kind oor seks te praat nie. Sy moet altyd onthou dat die vrae waaroor sý baie verleë voel, vir hom doodnormaal is. Want op dié ouderdom is die kleuter se liggaam vir hom bloot iets interessants, iets waaroor hy graag meer wil weet.

Kinders het ook die gewoonte om dié vrae altyd op die verkeerde tyd te vra. Dan moet Ma maar besluit wat die belangrikste is – om die skottelgoed eers klaar te was, of om die "lastige" vrae te beantwoord.

Ouers leer soms vir hul kleuters allerhande verkeerde name vir hul geslagsdele. Hoewel dit dalk vir húlle – die ouers – minder verleentheid veroorsaak op die kort termyn, moet die saak maar altyd later weer reggestel word. Ander probeer weer om hul kinders se vrae omtrent seks te omseil met die belofte dat hulle "later" daaroor sal praat. Dit wek die kind se nuuskierigheid net meer, want hy kom baie gou agter dat "later" eenvoudig nooit aanbreek nie. Dit laat hom ook wonder of 'n mens dan net oor sekere dele van jou liggaam mag praat, *want kyk net hoe verleë en senuweeagtig word Ma as daardie "ander" dele genoem word!* Daarom is dit so belangrik om eerlik en reguit op jou kind se vrae te antwoord en van die begin af vir hom die regte name vir sy geslagsdele te leer.

Jy moet elke vraag wat hy in dié stadium vra, as 'n geleentheid beskou en aangryp. As jou kleuter wil weet waar hy vandaan kom, sê reguit vir hom: "Uit my maag uit." Soos hy ouer word, sal hy meer inligting wil hê, en dan moet jy dit ook sonder enige verleentheid of ompaadjies vir hom gee. Beantwoord sy vrae oor seks net soos wat jy sy vrae oor enige ander onderwerp sal beantwoord.

Hier is 'n voorbeeld van 'n gesprek waar die kind meer spesifieke inligting verlang en sy ma sy vraag eenvoudig maar volledig beantwoord:

Ma: "Jy is gebore omdat jou pappa se spermsel met my eiersel saamgesmelt het. Dit gebeur binne-in 'n mamma se liggaam en ons noem dit konsepsie as so 'n sperm- en 'n eiersel saamsmelt. Ná konsepsie het jy nege maande lank binne-in my maag gegroei en ontwikkel totdat jy reg was om gebore te word."
Kind: "Wat is 'n spermsel?"
Ma: "Dis 'n baie klein sel – nog kleiner as 'n korreltjie sout. Dit word in 'n man se liggaam gevorm, en dit help weer met die vorming van die baba."

Ouers sal waarskynlik altyd maar met 'n mate van verleentheid met hul kinders oor seks praat. Die onbevange en nuuskierige kleuterjare bied egter 'n gulde geleentheid wat deur die ouer aangegryp moet word – die kind sal later in sy lewe nooit weer so rustig en ontspanne daaroor kan praat nie!

SEKS EN DIE ADOLESSENT

Seksualiteit word vir die kind 'n werklikheid wanneer hy puberteit binnegaan. Hormoonafskeiding stimuleer seksuele ontwikkeling by die tiener, wat hom of haar buierig en emosioneel kan maak.

Omdat die kind nou baie moeiliker oor sy eie liggaam praat, beteken die afwesigheid van vrae natuurlik glad nie dat die tiener nie meer oor allerhande goed wonder nie. Sy vrae sal waarskynlik in allerlei gedaantes en met allerhande ompaadjies hul verskyning maak. Die enkel-ouer moet dus daarop bedag wees en baie goed luister sodat sy kan vasstel wat hy éintlik wil weet.

'n Alleenloperma het eendag vir my vertel hoe sy haar kind onwetend erg ontstel het. Haar dogter, toe tien jaar oud, wou weet hoe 'n meisie weet of sy swanger is. Sonder om daaroor na te dink, het die ma geantwoord: "'n Meisie weet dat sy swanger is as sy ophou menstrueer."

Die kind het toe pas begin menstrueer en haar maandstondes was nog baie ongereeld. Toe dit nie op die regte tyd opdaag nie, het sy snags begin wakker lê van bekommernis omdat sy dan mos swanger sou wees – al het sy nog nooit enige geslagsomgang gehad nie!

Al die ontsteltenis kon vermy gewees het as haar ma eers probeer uitvind het wat sy éintlik besig was om te vra. Sy moes haar met liefde en geduld vertel het dat maandstondes aan die begin maar ongereeld kan wees, en dat 'n meisie slegs swanger kan raak as sy geslagsomgang gehad het.

Ouers moet betyds vir hul kinders vertel dat hul liggame gaan verander – en hulle moet hulle baie goed voorberei op elkeen van dié veranderings.

Seuns moet byvoorbeeld bedag wees op die drome wat hulle mag ervaar en hul enkel-ouers moet sorg dat hulle dié veranderinge sien as iets doodnormaals – nie iets wat snaaks of vreesaanjaend is nie. Hulle moet weet dat dit met almal gebeur en glad nie buitengewoon of abnormaal is nie.

Dit is nie altyd maklik om in dié stadium met jou kind te kommunikeer nie, veral nie oor sy seksualiteit nie. Dit is egter uiters noodsaaklik. Die ouer vir wie dit baie moeilik is om haar kind se vrae te beantwoord en met hom daaroor te praat, kan gerus 'n draai by 'n Christelike boekhandel gaan maak. Daar behoort heelwat goeie boeke te wees wat kan help.

Die jong adolessent moenie net van die veranderinge in sy liggaam bewus wees nie, maar ook van wat dit behels. Hy moet besef dat hy aangetrokke gaan voel tot die teenoorgestelde geslag, en hy moet daardie emosie verstaan en weet hoe om daarop te reageer. Die voorbeeld wat die enkel-ouer in dié stadium stel, is van die allergrootste belang. Dit bly ook belangrik om met die kind oor seksualiteit te kan praat, soos in die volgende voorbeeld:

Ma: "Annette, ek weet jy is baie aangetrokke tot Karel. Dis net normaal dat julle liggaamlik al hoe meer betrokke sal wil raak hoe langer julle uitgaan. Ek wil hê jy moet weet en onthou dat die seksuele drange wat jy op die oomblik ervaar, nie sleg of lelik is nie. Jy moet net weet hoe om hierdie gevoelens verantwoordelik te hanteer.

"Weet jy, ek voel partykeer net soos jy – ek is mos nie meer getroud nie, dus voel ek ook soms so oor die mans wat my uitneem. Maar ek het lank gelede reeds besluit dat die Here vir ons geslagsomgang gegee het sodat ons dit binne die huwelik kan geniet. Dit is 'n baie mooi en intieme liefdesdaad tussen man en vrou. Daarom het ek besluit dat ek dit nooit goedkoop sal maak nie – en ek hoop regtig dat jy dieselfde verantwoordelikheid daarteenoor aan die dag sal lê. Ek weet baie goed dat dit nie altyd maklik is nie, maar dit is hoe God dit wil hê."

Die enkel-ouer moet gereeld op so 'n openhartige manier met haar kind oor seks praat, al is dit so dat dit altyd sý is wat die gesprekke moet aanvoor. Al gaan die adolessent selde sélf daaroor begin praat, is daar genoeg wat hulle wil weet.

In hierdie stadium wil tieners gewoonlik baie spesifieke dinge weet. Hulle wil byvoorbeeld weet hoe 'n mens weet as jy iemand liefhet; hoe jy weet of jy seksueel by iemand gaan aanpas; of meisies ook orgasmes het, ensovoorts. Hulle wil weet wat om van 'n meisie te verwag; wat sy van hom verwag; wat God van hulle albei verwag – en nog sommer baie ander dinge. Dis asof hulle nooit genoeg antwoorde op al hul vrae kry nie.

'n Tiener wat weet dat sy ouer met dieselfde probleme worstel, gaan makliker oor sy eie probleme en gewaarwordinge praat. Jy moet onthou dat jou tiener voortdurend in 'n tweestryd gewikkel is – hy moet gedurig kies tussen reg en verkeerd. Aan die een kant word hy gelei deur dít wat hy van kleins af geleer het en aan die ander kant is daar die versoeking om toe te gee aan die eise van die moderne samelewing waar enigiets en alles aanvaarbaar is.

As enkel-ouer en tiener saam in die stryd is, kan albei makliker weerstand bied, want hulle kan mekaar versterk.

Praktiese wenke

Hoe om vir jou kind die regte voorbeeld te stel:
1. *Stel hoë eise aan jouself en jou vriend as julle uitgaan.*
   - Sorg dat jy reg aangetrek is vir die geleentheid.
   - Moenie buite-egtelike geslagsomgang hê nie.
   - Moenie 'n hele nag wegbly nie, al is dit ook heel onskuldig. Jou gedrag kan allerhande onnodige vrae en gedagtes by jou kinders laat ontstaan.
2. *Berei jou kinders daarop voor as jy uitgaan.*
   - Sê vir hulle waarheen jy gaan en hoe laat jy tuis sal wees.
   - Sorg dat jou verhoudinge, jou seksualiteit en jou sosiale lewe altyd vir jou kind 'n positiewe en navolgenswaardige voorbeeld is. As daar enigiets omtrent jou of jou vriende se gedrag is waaroor jou kind dalk mag wonder, moet jy nie huiwer om dadelik te verduidelik nie. Stel sake altyd in die regte lig.

ONTHOU

- As jy 'n enkel-ouer is en self seksuele probleme ervaar, onthou dan altyd dat God jou maatstaf en riglyn moet wees – nié die gemeenskap waarin jy leef nie.
- Gebruik jou kleuter se onskuldige en openhartige vrae as geleentheid om vir hom die basiese feite omtrent die twee geslagte te leer.
- Berei jou kind vroegtydig voor op die liggaamlike en geestelike veranderinge van puberteit. Berei hom ook voor op die bewuswording van sy eie en ander se sek-

sualiteit. Help hom om te verstaan dat dié veranderinge alles deel van God se groot plan is, maar dat seks bínne die huwelik tuis hoort en dat die vreemde seksuele drange wat hy nou ervaar, alles deel is van sy soeke na die regte lewensmaat.
- Hou die kommunikasiekanale tussen jou en jou kind oop. Hou aan om met hom oor hierdie – en ander – dinge te praat. Dit laat hom voel dat jy regtig verstaan en omgee en nie maar net daar is om vir hom preke af te steek nie.

Toets jouself

Hoe los jy jou eie seksuele probleme op?
Kan jou kind vir jou vrae oor seks vra?

4 Dissipline sonder skuldgevoelens

"Dis vir my vreeslik moeilik om my kinders saans in die bed te kry, en dis nog moeiliker om hulle soggens daaruit te kry!"

Dissipline en roetine laat 'n kind veilig voel – dit gee hom die nodige sekuriteit. Dit moet egter nie 'n onbuigbare roetine wees wat net die enkel-ouer se lewe vergemaklik nie, maar 'n gesonde roetine wat uitgewerk is tot voordeel van die kind ook.

Enkel-ouers en hul kinders is te dikwels in 'n magstryd gewikkel. Die ouer besluit dalk op 'n sekere roetine sonder om eers goed daaroor na te dink. As haar kind dan daarteen in opstand kom, besluit sy dat dit tóg nie so belangrik was nie, en gee sy toe.

Hoe kan die enkel-ouer te werk gaan om 'n gesonde roetine vir die huishouding daar te stel? Dis 'n bepaalde *struktuur* wat nodig is, iets wat prakties en tot almal se voordeel is. Hier volg 'n paar wenke:

1. Besluit eers watter probleme opgelos moet word, en neem dan jou verdere besluite só dat dit vir jou kind die beste sal wees.

2. Lê dan daarvolgens sekere reëls neer, en sorg dat jou kind die reëls ken en verstaan.

3. Besluit wat die gevolge sal wees as hy die reëls oortree. Dit moet natuurlik verband hou met die aard en erns van die oortredings. Dit is ook 'n goeie plan om vooraf te

besluit hoe jy goeie gedrag en gehoorsaamheid aan die reëls gaan beloon.

VOORBEELD: SLAAPTYD

Baie enkel-ouers het al vir my vertel hoe hulle sukkel om hul kinders soggens uit die bed uit te kry.

My eerste reaksie daarop is gewoonlik die vraag: "Wie se verantwoordelikheid is dit dat hy moet opstaan?"

"Syne natuurlik," is die antwoord wat ek gewoonlik kry. "Ek roep hom maar net."

"Met ander woorde, jy roep hom net een keer, en dan is dit sý verantwoordelikheid of hy opstaan, of nie."

"Nee," antwoord hulle dan. "Nee, ek hou aan roep en ek gaan kyk kort-kort of hy al op is. Dis eers as ek régtig hard praat dat hy begin roer, want dan sien hy ek is ernstig!"

As dít die ouer se optrede is, dan is die kind glad nie self daarvoor verantwoordelik om op te staan nie. Nee, die verantwoordelikheid rus nog op die ma se skouers, want sy hou aan roep en raas totdat dit later eenvoudig vir hom te ongemaklik word om te bly lê.

As jy ook sukkel om jou kind in die oggend uit die bed uit te kry, dan moet jy begin deur opstaan sý verantwoordelikheid te maak – nie joune nie. En as jy eers sover gekom het om sekere reëls oor opstaan in te stel, dan moet jý hulle ook nakom, al is dit dalk moeilik. Dan mag jy nie meer neul of raas oor opstaan nie. Jou kind moet die *reël* gehoorsaam, nie vir jou nie.

Jy moet besluit presies hoe hy gestraf gaan word as hy die reël oortree. Dis 'n baie logiese straf om hom eenvoudig die volgende aand vroeër bed toe te stuur as hy nie in die oggend betyds is nie. As hy nege-uur in die aand gaan slaap en sukkel om in die môre op te kom, dan is dit mos net logies om te aanvaar dat hy nie genoeg geslaap het nie!

'n Vervroegde slaaptyd is 'n uitstekende straf vir "oggendluiheid" – al weet jy dat min slaap nie die oorsaak is nie. Grootmense sal dit seker nooit verstaan nie, maar alle kinders *haat* dit om vroeg te gaan slaap!

Hier is 'n voorbeeld van die manier waarop jy so 'n gesprek kan aanpak:

Ouer: "Ek sien ons twee het 'n probleem oor jou opstaan in die oggend. Nou het ek aan 'n plan gedink en ek wil hê ons moet kyk of dit nie sal werk nie, want ek is nou moeg daarvoor om elke dag te moet raas en baklei voor jy opstaan. Ek dink jy is al heeltemal groot genoeg om self die verantwoordelikheid daarvoor te dra as jy nie betyds opstaan nie.

"Ons gaan van nou af só werk: jy gaan weer vanaand nege-uur slaap, maar môre-oggend roep ek jou net een keer. Ek gaan ook nie weer kyk of jy op is en aantrek nie. Maar as jy nie teen sewe-uur by die tafel is vir ontbyt nie, sal ek maar moet aanvaar dat jy nie genoeg geslaap het nie. En dan gaan jy môre-aand agtuur slaap.

"As jy opstaan as ek jou roep en jy is betyds reg vir ontbyt, mag jy natuurlik weer môre-aand nege-uur gaan slaap. As jy 'n week lank elke oggend opstaan as ek roep en betyds klaar is, mag jy daarna halftien in die aand gaan slaap. En solank jy verantwoordelik genoeg is om ná een keer se roep op te staan, mag jy aanhou om wakker te bly tot halftien.

"Onthou nou, opstaan is van nou af jou eie verantwoordelikheid. Ek gaan jou nie meer tien keer elke oggend roep nie. Verstaan jy nou mooi hoe die plan gaan werk?"

Kind: "Ja, Ma."

Ouer: "Gaaf. Wie gaan besluit hoe laat jy gaan slaap?"
Kind: "Ma."
Ouer: "Nee, jy besluit self, want jóú optrede en verantwoordelikheid bepaal of jy agtuur, nege-uur of halftien gaan slaap."

Dit is van die allergrootste belang dat die enkel-ouer sélf ook die reëls moet nakom en nie moet toegee aan die versoeking om haar kind meer as een keer in die oggend te roep nie.

STRAF: TWEE GOUE REËLS

Kinders voel veilig en gelukkig as daar orde en roetine in hul lewens is, as hulle presies weet watter reëls hulle moet nakom en ook wat die – onaangename – gevolge van ongehoorsaamheid en onverantwoordelikheid is.

Die enkel-ouer moet altyd konsekwent optree as haar kind die reëls oortree. Sy moet dus *konsekwent wees ten opsigte van die straf wat sy uitdeel.*

Die kind sál die reëls oortree, al is dit ook net om te sien wat sy ma daaromtrent gaan doen. Daarom is konsekwente optrede so belangrik. Want dit is die enigste manier waarop hy gaan leer dat hy eintlik besig is om *homself* te straf. Hy besluit mos self of hy die reëls gaan nakom of nie. Hy is vir sy eie gedrag verantwoordelik. Daarom kan hy nie omgekrap wees as hy die gevolge daarvan moet dra nie.

Die enkel-ouer moet *sorg dat die straf met die oortreding én met die kind se ouderdom verband hou.* 'n Klein kindjie moenie gestraf word as hy soos een optree nie. Slae kan byvoorbeeld 'n goeie straf wees vir 'n woedebui, maar beslis nie as 'n kind sy bed natmaak of 'n glas melk omstamp nie.

As 'n kind oortree het en gestraf is, is die saak afgehandel. Dan moet die ouer nie weer daarna verwys nie en die kind moet weet dat sy nie meer vir hom kwaad is nie. Dis baie belangrik om hom byvoorbeeld 'n drukkie te gee, sodat hy opnuut kan besef dat sy hom liefhet en dat sy misstap vergewe is.

Hy moet goed weet dat sy hom straf *juis omdat* sy hom liefhet. Sy moet dit vir hom sê – dat sy hom liefhet en hom wil help om 'n beter mens te word. Dat sy hom altyd sal liefhê, al doen hy dinge wat verkeerd is en waarvan sy nie hou nie.

STRAF MET LIEFDE – NIE UIT WOEDE NIE

Kindermishandeling kom vandag al hoe meer voor. Daarom is dit uiters belangrik dat die enkel-ouer haar kind volgens sekere reëls en riglyne sal straf, anders kan sy hom dalk in haar woede te swaar straf. As 'n ouer kwaad is en haastig oor straf besluit, baat 'n kind selde daarby. Dis byvoorbeeld heeltemal te erg om vir 'n doodgewone oortreding al sy voorregte drie maande lank op te skort. Vir die ouer gaan dit ook baie moeilik wees om toe te sien dat dit uitgevoer word.

Dissipline móét met liefde toegepas word. As 'n enkelouer nie bereid is om haar kind letterlik met liefde te oorlaai nie, is sy ook nie bevoeg om hom te dissiplineer nie. Dissipline sonder liefde is emosionele kindermishandeling.

'n Kind mag nooit aan sy ouer se liefde twyfel nie. Hy moet altyd weet dat sy hom liefhet – al hou sy nie veel van sy gedrag nie!

ONTHOU

- Met die hulp van volop opregte liefde en van konsekwente, liefdevolle dissipline, kan klein mensies tot gelukkige, gebalanseerde, verantwoordelike en emosioneel gesonde kinders ontwikkel.
- Moenie opstandigheid en swak gedrag duld nie.
- Lê uit die staanspoor riglyne neer ten opsigte van straf, sodat dit met die oortreding verband sal hou.
- Jy moet vir jou kind sê hoe hy gestraf gaan word as hy die reëls oortree. Maak dan seker dat hy sowel die reëls as die straf ken en verstaan.
- As die reëls eers vasgestel is, moet jy konsekwent daarvolgens optree en die regte straf uitdeel as dit nodig is.
- As jy konsekwent is, sal jou kind later besef dat hy in werklikheid besig is om homself te straf.
- Jou kind moet altyd weet dat jy hom baie liefhet, al keur jy nie noodwendig sy gedrag heeltyd goed nie.

Toets jouself

Kyk goed na die manier waarop jy jou kind dissiplineer. Doen jy dit met liefde? Is jy konsekwent? Pas jou strafmaatreëls by die aard van die oortredings?

5 Naweke en vakansies

"Wat help dit tog dat ek my kind die hele week lank help om volgens roetine te leef – sodra hy die naweek by sy pa kom, maak hy net soos hy wil!"

Enkel-ouers vra dikwels hoekom hul kinders naweke die ander ouer moet besoek. "Is dit regtig nodig? Dit verwar hom net elke keer as hy vir 'n naweek by sy pa was," het 'n ma onlangs moedeloos vir my gesê.

Ongelukkig is dié soort klagte soms maniere waarop die een ouer uiting gee aan 'n gevoel van bitterheid teenoor die ander; om hom te straf of terug te betaal vir al die hartseer wat sy en die kind moet deurmaak. Dié klagte is dus eintlik 'n ander manier om te sê dat hy *nie verdien* om die kind te sien ná al die leed wat hy deur sy optrede veroorsaak het nie.

Dit is egter van die allergrootste belang dat die kind sy ander ouer – gewoonlik sy pa – gereeld moet sien. Daardie seun (of dogter) moet verstaan dat dit nie nodig is dat die verhouding tussen hom en sy pa deur die egskeiding vertroebel word nie.

BESOEKE IS BAIE BELANGRIK

Die kind wat sy ander ouer gereeld besoek, sal besef dat hy nie die oorsaak van die egskeiding was nie en dat sy pa hóm nie in die steek gelaat het nie. Hy *moet* weet dat sy pa hom liefhet – dié wete is vir elke kind van die allergrootste belang.

Enkel-ouers het nie altyd die geleentheid om hul kinders

van hul liefde te oortuig nie. Daar is byvoorbeeld baie kinders wat nooit hul pa's sien nie. Hulle moet goed verstaan waarom dit nie moontlik is nie, anders kan hulle baie maklik begin glo dat húlle vir Pa se afwesigheid verantwoordelik is.

'n Naweek of vakansie is dus van groot belang vir die bevordering van die kind se selfbeeld, daarom is dit nie so skadelik om die roetine soms maar 'n bietjie opsy te skuif nie.

KOMMUNIKEER TOG!

Ouers moet voortgaan om met mekaar te praat oor dinge wat hul kind raak, al het die egskeiding dalk met baie bitterheid en verwyte gepaard gegaan. Die gesprekke moet oor die kind en sy behoeftes gaan en is nie geleenthede om ou verwyte en beskuldigings op te rakel nie. Hulle moet kalm en volwasse praat oor dinge soos slaaptyd en huiswerk – oor alles wat hul kind se lewe en ontwikkeling raak.

Die volgende gesprek wys dat dit gedoen kán word, al is daar baie slaggate:

Ma: "Johan probeer elke aand om sy slaaptyd – dit is halfnege – so lank as moontlik uit te stel. Ek sukkel regtig om hom in die bed te kry en ek sal dit baie waardeer as jy my hiermee sal help."
Pa: "Wil jy nou vir my sê jy wil hê hy moet oor naweke ook halfnege gaan slaap?"
Ma: "Nee. Ek stem met jou saam – hy hoef nie oor naweke ook vroeg te gaan slaap nie. Maar sal jy my asseblief help om hom te laat verstaan dat hy weeksaande moet gaan slaap op die tyd waarop ons ooreengekom het?"

Pa: "Dink jy nou *jy* moet *altyd* besluit wanneer Johan moet gaan slaap?"
Ma: "Nee, glad nie. As hy by jou is, besluit jý wanneer hy moet gaan slaap. Dis maar net dat hy, soos alle kinders, elke aand sloer en plannetjies maak om later te gaan slaap. Ek sukkel daarmee, en ek sal dit waardeer as jy my kan help."

Die ma probeer hier om die kind se probleem te bespreek en om die kommunikasie gesond te hou. Intussen probeer die pa dit vir haar so moeilik as moontlik maak. Sulke situasies kom dikwels voor, maar die enkel-ouer moet probeer om uit daardie slaggate uit te bly. Moenie terugbaklei, aanval of verwyt nie, al is dit hóé moeilik – die doel van die gesprek is tog *die kind en sy ontwikkeling en welsyn.*

As die ouers eers persoonlik begin raak, benadeel dit nie net hul kommunikasie nie, maar ook die kind se kanse om by albei sy ouers se huise en omstandighede aan te pas.

MOENIE KRITISEER NIE

Geskeides dink dikwels dat hulle hul kind se lojaliteit en guns kan wen deur die ander ouer by hom in 'n slegte lig te stel. Daarom moet soveel kinders in enkel-ouer-huise dag in dag uit hoor hoe sleg hul pa's (of ma's) is. So 'n ma dwing nie net haar kind om na haar afbrekende kritiek te luister nie, maar ook om kant te kies. En as hy dit sou waag om van haar te verskil, loop hy gevaar om sélf ook onder haar skerp tong deur te loop.

Sy raak dikwels veroordelend omdat sy in 'n hoek gedryf voel. Sy wil so graag hê haar kind moet weet dat sy onskuldig was in die skeisaak, daarom moet sy vir hom baie duidelik laat verstaan hoe 'n buffel sy pa is. Dit is dan wanneer ma's dinge soos die volgende sê: "Jy vra hoekom Pappa en ek geskei is? Omdat die einste Pappa vir wie jy so lief is, verskriklike dinge aan ons gedoen het."

Ouers kan vir hul nuwe lewensmaats kies. Maar 'n kind kan nie vir hom nuwe ouers kies nie. Sy ouers is sy ouers vir die res van sy lewe. As 'n ma weens haar eie ongelukkigheid en onsekerheid allerhande neerhalende dinge van haar gewese man sê, moet sy net onthou dat sy in werklikheid besig is om haar kind se pa te beswadder – en daardie man blý sy pa solank hy leef.

Ouers besef nie altyd hoe onregverdig dit van hulle is om te verwag dat hul kind moet kant kies nie.

MOENIE SPIOENEER NIE

Daar is 'n ander vorm van emosionele kindermishandeling wat soms deur enkel-ouers toegepas word. Dit is wanneer hulle hul kinders gebruik om as 't ware op die ander ouer te spioeneer.

Natuurlik gebruik hulle selde *bewustelik* hul kinders om te spioeneer. Nee, dit raak net later 'n gewoonte om ná die naweek by die kind uit te vis omtrent die ander ouer, sy lewe en sy omstandighede. Die ondervraging word later sommer deel van die Sondagaandroetine.

Ma: "Wat het jy en jou pa die naweek gedoen?"
"Was daar drank in sy yskas?"
"Het julle twee alleen gaan eet, of het daar nog iemand saamgegaan?"
"Was daar baie telefoonoproepe vir hom?"
"Het jy ook die telefoon beantwoord – kon jy hoor wie skakel?"
"Het julle vanmôre kerk toe gegaan?"

En so gaan die ondervraging aan. Doodgewone nuuskierigheid en belangstelling sit later om in uitvissery, wat die kind kan laat voel dat hy nou moet kant kies.

Wat moet hy alles vir sy ma vertel? Moet hy vir haar dinge vertel waaroor sy nie uitgevra het nie? Hy kan later selfs begin wonder of hy nie naweke maar net sy ma se spioen is nie – of dít nie dalk die eintlike rede vir die kuiertjies by Pa is nie!

Die wakker kind kan selfs voordeel uit so 'n situasie put. So 'n kind leer gou om vir sy ouers net dié dinge te sê waarby hy self kan baat. Daardeur manipuleer hy later albei ouers en kan hy selfs leuens begin vertel omdat hy daaruit voordeel kan trek.

Die enkel-ouer wat haar kind waarlik liefhet sal nie na "verslae" oor die naweek en Pa luister nie. Al is dit moeilik, sal sy tog vir hom sê: "Dis Pappa se sake daardie en dit het niks met my te doen nie. Ja, ek weet jy sê net vir my dat hy baie oor my uitvra, maar jy moet liewer glad nie daardie soort dinge vir my sê nie. Jou pa is 'n grootmens en hy kan self besluit wat hy wil doen."

As die kind geneig is om oor sy ouers te skinder, dinge uit verband te ruk of sy lyf spioen te hou, dan sal so 'n reaksie hom baie vinnig ontmoedig. Terselfdertyd beskerm die enkel-ouer haarself daardeur teen onnodige seerkry.

Dit is baie belangrik dat die kind sy ander ouer moet besoek, maar dan moet die rede vir die besoek altyd die versterking van die band tussen hulle twee wees. Daar moet geen ander motiewe wees nie.

WEDYWERING IS ONGESOND

Weeksdae word 'n kind se lewe gereguleer deur roetine, dissipline, skoolwerk en ander dinge wat gedoen moet word – deur homself en die enkel-ouer by wie hy woon. Dan breek die naweek aan en is dit soos 'n klein vakansie by Pa. Hulle is vry om allerhande lekker dinge saam te doen.

Daarom voel die ouer by wie die kind woon dikwels dat sy met die ander ouer moet kompeteer. Sy moet egter teen dié gevoel stry en liewer dink aan al die geleenthede wat haar kind tydens daardie naweke by sy pa gebied word. Daardie uitstappies en afleiding is gewoonlik maar van korte duur, daarom moet hy vry wees om dit te geniet en daaroor te praat.

SELFVERDEDIGING IS VERKEERD

As enkel-ouer mag jy dalk by die lees van dié hoofstuk wonder: "Hoe op aarde moet ek dit regkry om vriendelik en kalm te bly terwyl my kind se pa vir hom allerhande lelike dinge van my sê? Wat gaan my kind van my dink? Ek móét myself mos verdedig!"

Onthou net dat jou kind se uiteindelike ontwikkeling tot volwassenheid vir jou die heel belangrikste is. En namate hy ouer word, sal hy ook al hoe makliker kan onderskei tussen 'n liefdevolle, vergewensgesinde ouer en een vol bitterheid en griewe.

Dit gebeur ook dikwels dat 'n gewese lewensmaat met die enkel-ouer se geloof of positiewe gesindheid spot. In so 'n geval is dit van die allergrootste belang dat die een wat verneder word, nie moet terugbaklei nie. Want die kind gaan baie duidelik sien watter gesindhede deur sy ouers se teenstellende gedrag geopenbaar word. Dít is die dinge wat hy gaan onthou as hy groter word – nie verontskuldigings nie.

ONTHOU

- Dit is belangrik dat die kind wat by jou woon, sy ander ouer moet leer ken tydens gereelde besoeke.
- Hierdie besoeke sal hom laat besef dat, al is sy ouers van mekáár geskei, dit nie beteken dat een van hulle van hóm geskei is nie.
- Albei ouers moet waak teen emosionele mishandeling van hul kind. Dit kan maklik gebeur as die tyd wat jou kind by die ander ouer deurbring, tot jou eie voordeel gebruik word.
- As jou kind in jou bewaring geplaas is, moet jy bid en glo dat Jesus Christus jou sal help om die spanning en probleme wat uit die besoeke aan sy pa spruit, te verwerk en op te los.

Toets jouself

Wat is my gesindheid ten opsigte van my kinders se besoeke aan hul ander ouer?
Hoe tree ek op as hulle ná so 'n besoek tuis kom? Is ek in staat om die kinders kalm met hul pa te bespreek, sodat hy duidelik kan sien dat ek net hul welsyn op die hart het?

6 Gaan my kinders glo soos ek?

"Dit lyk vir my asof my twee tienerkinders – hulle is veertien en sewentien jaar oud – enigiets sal doen as hul maats dit goedkeur. Ek kan nie verstaan waarom hulle soms so ontspoor nie – ek het hulle tog gereeld kerk toe geneem . . ."

Baie alleenloperma's kla oor dieselfde ding – hul kinders wat skynbaar geen vastigheid of ankers in die lewe het nie. Hulle leef nie volgens enige bepaalde lewensbeskouing nie en daar is niks wat hulle besluite en gedrag rig nie. Dikwels vind hulle eers ná baie jare van doelloos dobber die sin en betekenis in die lewe.

Sekere sielkundiges reken dat jong mense op agt gebiede volwasse moet word voordat hulle as volwassenes beskou kan word. Een van die belangrikste areas is die ontwikkeling van 'n *eie lewensbeskouing*. 'n Kind wat hieroor beskik, sal sekere dryfvere en maatstawwe hê waarvolgens hy besluite kan neem en sy lewe kan inrig.

'n Mens met 'n eie lewensbeskouing of -filosofie het iets om aan vas te hou as hy 'n moeilike besluit moet neem. Hy weet ook beter hoe om in 'n probleemsituasie op te tree, want hy kan al die moontlikhede gaan toets aan sy vaste maatstaf. Hoe belangriker sy lewensbeskouing vir hom is, hoe makliker sal hy sy besluite daarvolgens kan neem.

LEWENSBESKOUING EN EGSKEIDING

As die enkel-ouer haar kind nie help om 'n gesonde lewensbeskouing te formuleer nie, sal hy baie maklik sommer 'n oppervlakkige korttermyn-lewensfilosofie aangryp, een wat net om die eie ek sentreer.

So 'n kind wantrou dalk albei sy ouers omdat hy voel dat hulle tog net hul beloftes verbreek, of hy voel dat hulle hom in die steek gelaat het. Dit kan daartoe lei dat hy begin dink dat hy vandág voluit moet leef, álles uit vandag moet haal – want môre hou tog niks goeds in nie.

Aan die ander kant is daar dié kinders uit die enkel-ouer-gesin wat juis só probeer optree dat dit die gesin se reputasie weer in ere kan herstel. So 'n kind sal niks wil doen wat die gesin kan benadeel of in 'n slegte lig kan stel nie, en neem al sy besluite daarvolgens.

Talle kinders uit enkel-ouer-huise tree egter op soos hierbo verduidelik, omdat hulle voel dat die gesin reeds in die steek gelaat is toe die ouers geskei is. Hulle as kinders kan maak soos hulle wil; die gesin hoef nie teen seerkry of skande beskerm te word nie, want hulle verdien geen beskerming nie.

In die vinnig veranderende wêreld waarin ons leef, het dit uiters noodsaaklik geword dat kinders hul lewens op iets standhoudends moet kan bou. En dít is menseverhoudinge allesbehalwe – 'n lewensbeskouing moet op méér gebou kan word.

DRIE BESKOUINGS – WAAR STAAN JY?

Wanneer 'n mens oor sy lewensbeskouing besin, moet hy iets kies as kern van daardie beskouing. Dié kern kan een van drie dinge wees: *materiële dinge, mense, of God.* In elke mens se lewe is dit een van dié dinge wat aanbid word.

Party mense maak 'n afgod van materiële dinge. Hulle

aanbid dit, en elke besluit of optrede word daaraan ondergeskik gestel. Hul hele lewe is dus ingestel op dít wat met geld gekoop kan word.

'n Mens raak baie maklik die slaaf van materiële dinge, veral as jy 'n enkel-ouer is en dalk finansieel baie sukkel. Dit is dikwels vir die ma nodig om ná die egskeiding te gaan werk. Selfs ná 'n drastiese verandering van lewenstyl kom sy dikwels nóg nie finansieel die mas op nie. Dit is dan dat die versoeking baie groot is om te dink dat "alles sal regkom" as sy net meer geld kan verdien.

Al daardie enkel-ouer se besluite, alles wat sy doen en dink, gaan gerig wees op 'n verhoging van die gesin se inkomste. Want slegs daardeur – so dink sy – sal sy en haar kinders 'n bietjie meer sekuriteit kan hê.

Ek kan Susan hier as voorbeeld gebruik van iemand in wie se lewe geld die middelpunt geword het. Sy het vir my gesê: "Ek het later begin dink dat al my probleme opgelos sou word as ek net meer geld kon verdien. Maar wat ek eintlik besig was om te doen, was om 'n afgod van my salaristjek te maak."

Susan het egter gou uitgevind dat geld en materiële dinge geen ware god is nie. Toe wend sy haar tot *mense:* sy het begin glo dat al haar gesin se probleme opgelos sou word as sy net weer kon trou.

Haar hele lewe het gevolglik om dié kern begin draai. Sy was bereid om enigiets te doen om 'n man te kry, selfs om haar beginsels keer op keer prys te gee. Enige skuldgevoelens het sy doodgedruk met die verontskuldiging dat sy doen wat sy móét om vir haar en haar kinders 'n beter toekoms te probeer verseker.

Dit is juis Susan wat hierbo aangehaal is toe sy gesê het dat haar twee tieners so ontspoor geraak het. Sy kon dit nooit verstaan nie, want sy het nooit objektief na haar eie lewe durf kyk nie. Sy kon nie insien dat sý die een was wat vir hulle 'n verkeerde voorbeeld gestel het nie.

Die enigste lewensbeskouing wat die kind en latere volwassene in staat stel om die regte besluite te neem, is die een wat *God* as kern van lewe en menswees erken. Daarom lees ons in Deuteronomium 6:6-7 die volgende: "Hierdie gebooie wat ek jou vandag gegee het, moet in jou gedagtes bly. Jy moet dit inskerp by jou kinders en met hulle daaroor praat as jy in jou huis is en as jy op pad is, as jy gaan slaap en as jy opstaan."

As 'n kind se lewensbeskouing rus op diens aan en liefde vir God, sal al die besluite wat hy in die lewe moet neem, vir hom makliker wees. Daarom is dit die ouer, ook die enkel-ouer, se grootste verantwoordelikheid om haar kind te leer om Jesus Christus en die Woord van God lief te hê en na te volg.

JOU LEWENSTYL – HOE RAAK DIT JOU KIND?

Geen ouer kan vir haar kind leer dat God die kern van sy lewe moet wees as Hy nie ook die kern van háár lewe is nie.

Susan sê wel dat sy haar kinders gereeld kerk toe geneem het, maar dit beteken nog glad nie dat sy hulle geleer het om Jesus lief te hê nie.

Die heel eerste ding wat Susan te doen staan, is om haar lewe van voor af in te rig volgens die dinge wat nou vir haar die belangrikste is. Haar kinders moet aan haar hele lewe kan sien dat Christus nou die kern en hoof daarvan is. Haar lewensbeskouing moet so verander dat sy opkyk na God, die mense om haar as gelykes beskou, en afkyk na materiële dinge. Dinge – en nie mense nie – is daar vir ons om te gebruik.

Hoe sal die verandering in Susan se lewenstyl haar kinders raak? Hulle behoort te kan sién dat sy verander het, dat sy elke dag haar Bybel lees en bid. As hulle boonop voel dat sy hulle by haar soeke na God betrek, sal hulle begin glo dat hul ma opreg probeer om haar lewe volgens God se wil in te rig. Dan sal hulle bo alle twyfel glo dat God en sy gebooie die kern van haar lewe geword het.

Kinders sien alles raak. Hulle moet kan sién dat hulle ouers nie net sê dat hulle in God glo nie, maar ook vir hulle probeer wys hoe 'n mens leef as Hy die middelpunt en hoof van jou lewe is. Destyds het Susan se oudste kind vir my gesê dat sy ma Sondae by die kerk net soos al die ander Christene was, "maar nes ons by die huis kom, is alles weer doodgewoon."

Dit het my laat dink aan die pa wat eendag 'n entjie met sy seuntjie gaan ry het, sodat hulle twee 'n bietjie oor gehoorsaamheid en eerlikheid kon praat. Kort nadat hulle op die hoofweg was, het hy 'n spesiale apparaat aangeskakel wat hom sou waarsku as daar enige snelstrikke op die pad was – terwyl hy juis te vinnig gery het.

Ewe onskuldig het die seuntjie gevra wat die apparaat is. Die pa het later vir my vertel hoe dié vraag soos 'n dolk tot in sy hart gesteek het – daar was hy besig om sy kind te probeer leer om eerlik te wees en die reëls en wette in sy lewe te gehoorsaam, en as hý eerlik sou moes antwoord op die kind se vraag, sou hy moes erken dat dit iets oneerliks was wat hom moes help om nie die wet te oortree nie!

Tuis het hy dadelik die apparaat ontkoppel. Want hy het besef hoe belangrik sý voorbeeld in sy seun se lewe is. Hy wou graag hê sy kind moes 'n eerlike, wetsgehoorsame mens word – daarom wou hy hom nie verder verwar nie.

LAAT JOU KIND SELF KIES

Kinders kan nie vir ewig hul ouers se voorbeeld volg nie. Nee, die een of ander tyd moet hulle self besluit wat hul lewensbeskouing en hul verhouding tot God gaan wees. Dan moet hulle ook self oor hul geloofslewe besluit.

Ouers is soms ontsteld as kinders hierdie besluite vir hulleself neem terwyl hulle nog in die ouerhuis woon. Dit is egter baie belangrik dat hulle die geleentheid kry om daardie beskouings aan die werklikheid te toets terwyl hulle nog die geborgenheid van die ouerhuis geniet.

'n Sestienjarige dogter het een aand vir haar ma gevra of sy die aand tuis kon bly, want sy was nie lus om na die kerkjeugkoor se oefening toe te gaan nie. Haar ma se antwoord was: "As jy eerlik voel dat God tevrede sal wees met die rede waarom jy nie wil gaan nie, kan jy met plesier tuis bly."

"Wil Ma dan nie weet hoekom ek nie wil gaan nie?" het sy verbaas gevra.

Dié verstandige enkel-ouer wou haar dogter leer dat haar heel grootste verantwoordelikheid teenoor God is. Daarom het sy geantwoord: "Nee, my kind. Dis 'n saak tussen jou en God."

Volgens die dogter het dit haar laat besef dat sy uiteindelik nie haar má deur haar gedrag tevrede hoef te stel nie, maar vir God. "Ek het besef dat ek Hom selfs deur klein dingetjies soos 'n kooroefening kan dien en loof."

Dit is vir die enkel-ouer soms baie moeilik om haar kind sy eie besluite te laat neem. Maar sy moet onthou dat 'n eie, onafhanklike lewensbeskouing vir sy ontwikkeling en latere lewe van die grootste belang is. Daarom moet sy hom toelaat om self te besluit en uit sy foute te leer.

AANMOEDIGING EN BESLUITNEMING

Kinders word selde deur hul maats aangemoedig om hul geloof uit te leef, wat dit soms baie moeilik vir hulle maak om dit te doen. Daarom moet die enkel-ouer des te meer daarop ingestel wees om haar kind aan te moedig en te ondersteun as hy moeilike besluite moet neem.

Kinders voel soms dat hulle deur hul besluite geïsoleer word. Dit is natuurlik 'n gevoel wat die enkel-ouer baie goed ken en verstaan en die band tussen hulle word versterk deur die wete dat dit iets is wat hulle deel.

Die kerkaktiwiteite bots ook soms met die kind se sosiale program en die dinge wat sy maats beplan. Moedig hom dus aan as hy besluit om liewer kerkjeugvergadering toe te gaan as saam met sy maats – al is hy baie langtand. Sê vir hom iets soos:

Ma: "Ek weet dit was vir jou baie moeilik om te besluit oor vanaand se jeugvergadering. Maar ek wil hê jy moet weet ek is baie trots op jou omdat jou verantwoordelikheid vir jou belangriker as jou plesier is. Ek kan sommer sien jy is al klaar besig om grootmens te word."

Onthou tog – kinders is nie engeltjies nie! Alle kinders gaan soms die verkeerde besluit neem, wat hul huislike omstandighede ook al mag wees. Die regte lewensbeskouing gaan hulle egter help om al hoe meer reg te besluit. Ons lees immers in Spreuke 22:6: "Gee leiding aan 'n jongmens oor hoe hy moet leef, en hy sal ook as hy al oud is nie daarvan afwyk nie."

ONTHOU

- As jy 'n enkel-ouer is, moet jy baie duidelik deur jou

lewe wys dat God vir jou die belangrikste is, dat mense tweede kom, en dinge derde.
- Jy moet jou kinders toelaat om self belangrike besluite te neem.
- Jy moet jou kind aanmoedig en prys as hy 'n verantwoordelike, Christelike besluit neem.

Toets jouself

Hoe beplan jy om as enkel-ouer jou kind te help om 'n gesonde lewensbeskouing sy eie te maak?

7 Geldsake, jy en jou kind

"Soos Jannie optree, sou 'n mens dink hy pluk geld van 'n boom af. Hy weet glad nie hoe om daarmee te werk nie – sodra hy dit kry, gee hy dit uit en kom vra dan nog!"

Lorraine het hulp gesoek – sy wou haar veertienjarige seun leer om beter met geld te werk. Hoe leer 'n mens jou kind om geld verantwoordelik te hanteer?

Die eerste stap is om jouself twee baie belangrike vrae af te vra. Die eerste is: watter voorbeeld stel ek vir my kind as dit by geld kom? En die tweede: kry my kind weekliks sakgeld, of is daar vir hom geleentheid om weekliks iets te verdien?

JOU BEGROTING SÊ MEER AS JOU WOORDE

"Hoe op aarde kan ek vir my kind 'n voorbeeld wees? Ek self kry dit dan glad nie reg om my geldsake te laat klop nie – my salaris is nog skaars inbetaal, of dit is al weer opgebruik!" So het Lorraine op die eerste vraag geantwoord.

Dink jy ook jou inkomste is te klein om eens die opstel van 'n begroting te regverdig? Onthou, dis nie net ryk mense wat begrotings het nie. As jy nie in staat is om elke maand al jou rekeninge te betaal nie, dan is finansiële beplanning – 'n begroting – vir jou van die allergrootste belang. Vra iemand soos jou predikant, 'n vriend of 'n boekhouer om jou daarmee te help.

Daar is geen kitsformules of towerwoorde wat jou opgehoopte rekeninge oornag gaan laat verdwyn nie. En dit gebeur byna altyd dat daar ná 'n egskeiding 'n verlaging van inkomste en lewenstandaard is. Deur versigtige maandelikse beplanning het Lorraine uiteindelik uit haar skuldsiklus gekom en kon sy snags weer rustiger slaap.

Sy het begin begroot. Sekere rekeninge is elke maand ten volle opbetaal. Wat die ander betref, het sy vir die betrokke skuldeisers briewe geskryf, haar situasie verduidelik, en aangebied om daardie skuld maandeliks af te werk, al kon sy net kleiner bedrae elke maand bekostig. Sekere onnodige uitgawes, soos spesiale TV-uitsendings en etes by restaurante, is eenvoudig heeltemal geskrap.

Die waarde van 'n begroting

Daar is vier baie belangrike redes waarom jy jou geldsake met die hulp van 'n begroting moet orden en beplan:

1. 'n Begroting wys baie duidelik vir jou watter dinge die belangrikste is. Dit is as 't ware 'n "voorkeurlys" van jou uitgawes.
2. 'n Begroting voorkom sporadiese besteding waar jy byvoorbeeld in die loop van 'n enkele naweek hopeloos te veel bestee, en dan die volgende twee weke amper niks oor het vir noodsaaklike dinge nie.
3. 'n Begroting maak dit makliker om oor jou kinders se versoeke te besluit. Jy en jou kind kan saam na die begroting en die saldo daarop kyk, en dan sáám besluit of daar geld oor is vir die ding wat hy so graag wil hê.
4. 'n Begroting stel vir jou kind 'n baie goeie voorbeeld, want daarin sien hy duidelik hoe jy vir die gesin se toekomstige behoeftes beplan.

GEE VIR JOU KIND SAKGELD

Lorraine se antwoord op die tweede vraag was: "Ek kan dit eenvoudig nie bekostig om vir Jannie gereeld sakgeld te gee nie."

Dit was duidelik dat Jannie wat sy geldsake betref, in dieselfde bootjie was as baie ander enkel-ouer-kinders. Een week sou sy ma hom byvoorbeeld niks gee as hy vir haar geld sou vra nie. Dit het dan gewoonlik tot 'n woordewisseling gelei en omdat sy daarna so skuldig gevoel het, het sy die volgende week weer vir hom te veel gegee.

Jannie se sakgeld het dus niks met sy ma se begroting te doen gehad nie – nee, dit het van haar gemoedstoestand afgehang. Op dié manier het sy uiteindelik vir hom baie meer gegee as wat hy op 'n gereelde weeklikse grondslag sou gekry het.

Jannie se besteding was net so sporadies en onbeplan soos sy ma s'n. Hy het dit trouens as vanselfsprekend beskou dat geld uitgegee moet word so vinnig as wat dit ingekom het. Hy het ook uit ondervinding geleer dat die grootte van sy "inkomste" gewoonlik afgehang het van die "grootte" van die woordewisseling ná sy ma se weiering die vorige keer. Hoe skuldiger hy haar dus kon laat voel, hoe meer sou hy volgende keer kry.

Dis nie net Jannie se skuld dat hy so 'n verwronge beeld van hul geldsake gekry het nie. Nee, Lorraine het self onbewustelik aan daardie beeld help bou.

WEEKLIKSE SAKGELD

'n Kind moet gereeld sakgeld kry om hom voor te berei op sy volwasse jare waarin hy geld sal ontvang en bestee. As jy op so 'n weeklikse sakgeldplan besluit, moet jy elke week op dieselfde dag vir hom sy sakgeld gee – nie 'n dag te vroeg of 'n dag te laat nie.

Natuurlik sal hy aan die begin reguit kafee toe draf met sy geldjies. En natuurlik sal hy die volgende môre nog kom vra as hy besef dat gister s'n op is. Maar jy moenie aan sy gesoebat toegee nie, want dit is vir hom baie belangrik om te leer hoe om sy geld die hele week lank te laat hou.

Ouer: "Dis jammer dat jy al jou sakgeld dadelik uitgegee het, my kind. Maar ek het mos vir jou gesê jy kry nie weer voor volgende Vrydag nie. Ek kry ook maar net een keer 'n maand my geld en ek moet sorg dat dit hou tot ek weer kry. Ek kan nie die bestuurder gaan vra vir 'n voorskot nie – en net so kan jy ook nie 'n voorskot kry nie. As dit op is, is dit op."

'n Kind wat só 'n antwoord kry, sal baie gou leer dat hy net op die vasgestelde dag elke week sy sakgeld kry. Hy sal ook vinnig leer dat hy sélf moet sorg dat dit hou tot die volgende week.

GOEIE GEWOONTES AS DIT BY GELD KOM

Gesels met jou kind oor die dinge wat hy met sy sakgeld koop – lei hom en gee raad. Leer hom ook om van kleins af reeds 'n deel van sy geld vir God te gee. Geen kind is te klein om dit te leer nie. Die gee van die dankoffer vir die kerk en die werk van God is baie belangrik by die ontwikkeling van die kind se lewensbeskouing.

'n Kind moet ook leer om gereeld te spaar. Dit is 'n baie belangrike les, want dit leer hom om vandag iets prys te gee sodat hy later iets groters kan kry – en nog meer daarby kan baat.

Dié les is natuurlik heeltemal teenstrydig met wat ons moderne samelewing vir ons probeer leer: kry *nou* wat jy wil hê, al moet jy jouself kniediep in die skuld dompel. Watter kind sou nie eerder na die wêreld wou luister nie! Dis waarskynlik vir niemand maklik om te spaar in ons lewe van kitskos, kitsoplossings en kitsgeld nie, daarom moet die spaargewoonte vroeg reeds by die kind wortelskiet.

Die enkel-ouer se probleme in hierdie verband kan natuurlik nog groter wees as die kind naweke by die ander ouer gaan kuier, en dié nie met haar saamstem oor die kwessie van geldbesteding nie.

Al haar pogings om hom te laat spaar vir iets wat hy graag wil hê, kan misluk as 'n onnadenkende pa of ma dit sommer vir hom gaan koop.

Dit gebeur boonop dikwels dat die ouer wat sy kind net tydens periodieke besoeke sien, met geskenke probeer kompenseer vir sy afwesigheid. Dit is asof hy sy eie skuldgevoelens probeer sus deur die kind met geskenke te oorlaai. Dit sal natuurlik baie help as die ouers oor hul kind se koop- en spaargewoontes saamstem – maar dit sal waarskynlik net gebeur as hulle kalm hul probleem kan bespreek. Dan kan die een by wie hy woon met vrymoedigheid die ander se hulp vra, sonder dat hy dit as 'n strydpunt of uitdaging sal beskou.

Ma: "Jannie spaar op die oomblik kliphard om vir hom 'n videokasset te koop. Ek weet ons albei kan dit maklik vir hom koop, maar dan leer hy nie hoe belangrik dit is om self vir iets te spaar nie. Help my asseblief hiermee. As nie een van ons twee toegee aan die versoeking om dit vir hom te koop nie, kan hy ook voel hoe lekker dit is om iets met jou eie spaargeld te koop."

Hoe meer konsekwent albei ouers ten opsigte hiervan is, hoe makliker gaan die kind leer hoe om sy geld reg te bestee. Hy kan selfs leer dat hy met addisionele werkies – selfs as hy die naweek by sy pa kuier – nóg spaargeld kan verdien.

Ouers moet hul kinders dus voldoende geleentheid gee om vir hul eie geld verantwoordelik te wees. Natuurlik gaan hulle soms dinge koop waarmee Ma en Pa nie tevrede is nie, maar hulle moet toegelaat word om hul koppe op dié manier te stamp. 'n Ouer moet eers ingryp as haar kind aanhou om sy geld op 'n dom manier te bestee.

ONTHOU

- Sorg dat jy jou eie geld op 'n verantwoordelike manier bestee.
- Sorg dat jou kind gereeld sakgeld kry, al kan jy nie vir hom veel gee nie. Vir daardie geld moet hy self die verantwoordelikheid dra.
- Namate jou kind meer volwassenheid aan die dag lê ten opsigte van sy eie sakgeld, kan jy vir hom al hoe meer verantwoordelikheid op geldelike gebied gee.
- Jy moet dit raaksien as hy sy geld op 'n verantwoordelike manier bestee en byvoorbeeld spaar en 'n dankoffer daaruit gee. Sê vir hom as jy met sy geldsake tevrede is en moedig hom aan om so voort te gaan.

Toets jouself

Maak jy dit vir jou kinders moontlik om te leer hoe om verantwoordelik met geld te werk?

8 Leer jou kind verantwoordelikheid

"Dis baie makliker om dit sommer self te doen. Anton is veronderstel om elke aand die skottelgoed te was, maar teen die tyd dat hy klaar is, is die kombuis twee keer so deurmekaar as wat dit voor die tyd was!"

'n Enkel-ouer het eendag vir my gesê dat sy bitter min tyd het om alles te doen wat gedoen moet word. Tyd is dus vir haar kosbaar, en daarom sal sy dikwels 'n taak liewer self vinnig afhandel as om haar kind te probeer leer hoe om dit te doen. Ek is seker baie enkel-ouers stem volmondig met haar saam.

Dié klagte verraai egter duidelik dat ons ongelukkig nie meer weet wat die ware doel van dié soort huislike takies is nie. Ons dink dat die kinders moet help sodat die las van die ouer so 'n bietjie ligter kan raak. Al gebeur dit wel later, moet die kind egter van kleins af leer help sodat hy daaraan gewoond kan raak om verantwoordelikheid te aanvaar.

Baie kinders het troeteldiere – 'n kat of 'n hondjie, of selfs 'n hanslam of 'n kalfie as hulle genoeg plek het. Die versorging van daardie diertjie is 'n ondervinding wat vir die kind van onskatbare waarde is, want dit leer hom hoe om die volle verantwoordelikheid vir iets te aanvaar.

Die takies in die huis, dinge soos bed opmaak en tafel dek, is net so belangrik. Daardeur leer die kind ook om nie van sy verantwoordelikhede weg te hardloop nie – al is dit weliswaar so dat min kinders kampioen-skottelgoedwassers word!

Waarvan praat ons as ons na "verantwoordelikhede" verwys? Van die vermoë om 'n taak te begin en af te

handel sonder dat Ma aanhoudend daaroor hoef te neul.
En van die vermoë om daardie werk deeglik en reg te
doen.

> **Ná die egskeiding**
>
> Dit neem die gemiddelde enkel-ouer gewoonlik ongeveer twee jaar om weer "normaal" te lewe ná 'n egskeiding. Die tydperk wissel natuurlik na gelang van die mense en omstandighede wat betrokke is, maar navorsing hier en oorsee het bevind dat hulle gewoonlik sowat twee jaar nodig het voordat hulle gevestig is in hul veranderde omstandighede. Dit spreek vanself dat die enkel-ouer nie haar kind kan leer om 'n verantwoordelike mens te wees voor sy nie self al in daardie rigting begin beweeg het nie.

VIER NUTTIGE WENKE

1. *Stel 'n voorbeeld.* Kinders leer nie verantwoordelikheid uit lang toesprake en strafmaatreëls nie. Dit is sinneloos om byvoorbeeld te sê: "Gaan jy dan nooit leer om jou kamer aan die kant te maak of jou bed op te maak nie? Ag, wanneer sal jy tog 'n bietjie verantwoordelik word!" Nee, vra jouself liewer af of jy vir hom die regte voorbeeld stel. Hoe lyk jou eie kamer? Is dit vir hom 'n voorbeeld?

2. *Leer jou kind om die werk te doen.* My eie dogter moes op vier leer hoe om haar kamer skoon en netjies te maak. Ek het haar nie alleen laat aansukkel nie, maar haar gehelp en haar só geleer hoe om dit self te doen. Ons moes dit dus 'n ruk lank elke oggend saam doen.

3. *Laat hom daarna gewoond raak aan die werk.* Dié deel van die leerproses is waarskynlik die moeilikste. Want nou moet jy terugstaan en kyk hoe hy die werkie doen – nou help jy nie meer nie. Hy het dié ondervinding broodnodig as jy wil hê hy moet leer om verantwoordelikhede te dra.

Een ouer het vir my gesê sy vind dit baie moeilik om toeskouer te wees, want self kan sy dit soveel beter en vinniger doen. Sy moes egter besluit wat vir haar die belangrikste is – om die werk gedoen te kry, of haar dogter te help ontwikkel tot 'n mens met verantwoordelikheidsin.

Hierdie fase is baie belangrik, want jy leer jou kind nie net om iets self aan te pak en deur te voer nie, maar jy gee hom ook die geleentheid om tevrede en lekker te voel as hy klaar is. En dit bring my by die vierde fase van ontwikkeling – aanmoediging.

4. *Moedig jou kind aan.* Onthou dat dit nou weer jóú verantwoordelikheid is om vir hom te sê dat jy met sy vordering of werk tevrede is. Dit is soms moeilik en jy moet kopkrap om die regte woorde te vind, maar dit is 'n onmisbare deel van die leerproses. Sê gerus vir hom iets soos die volgende:

"Anton, jy het die gras baie mooi gesny. Baie dankie. Dit lyk sommer weer netjies in die agterplaas. Ek sien jy het selfs om die bome mooi kort gesny. Dis net hier langs die huis en daar voor by die oprit waar ek kan sien jy het so 'n bietjie gesukkel. Kom ons gaan haal die grassnyer, dan gaan maak ons twee daar ook netjies."

"Linda, jou kamer lyk sommer baie beter. Ek sien jy het al jou poppe op jou spieëlkas neergesit. Dit lyk tog te oulik. Kom ek gaan help jou, dan trek ons jou deken reg – dit is nog 'n bietjie skeef. Dan kyk ons ook sommer of ons jou kas nie ook gou kan regpak nie – of hoe dink jy?"

"Sanet, ek dink jy het dié vakansie baie slim gewerk met jou sakgeld. Ek is baie trots op jou, hoor. Dit lyk net vir my of die dag in die stad jou beursie kwaai laat krimp het. Ons moet tog kyk of ons twee nie aan 'n plan kan dink sodat dit nie weer gebeur nie."

Ons leer twee dinge uit dié opmerkings. Die eerste is dat die ouers duidelik vir hulle kinders sê dat hulle iets bereik en goeie werk gedoen het. Al drie kinders het rede om trots te voel. Terselfdertyd sê hul ouers ook baie taktvol vir hulle waar hulle in die toekoms kan verbeter.

Ons leer ten tweede dat die ouers gesien het waar hulle kinders nog hulp nodig het, en aanbied om te help. Hulle speel dus nie net toeskouer en laat die werk oordoen nie, maar word weer, soos in die vroeëre fase, deel van die span.

'n Kind wat nooit aangemoedig word nie, begin later dink: *Niemand anders gee om of die werk behoorlik gedoen is nie – waarom moet ék dan omgee?*

Kinders het voortdurend aanmoediging nodig. Daar is te veel ouers wat net altyd op die negatiewe dinge soos probleme en foute reageer, en altyd regstaan om te kritiseer. Hulle is nie daarop ingestel om ook te prys en aan te moedig nie.

WANNEER KAN 'N KIND DINGE IN DIE HUIS BEGIN DOEN?

Selfs 'n klein kindjie kan al eenvoudige takies verrig. Jy kán jou kleutertjie van vier byvoorbeeld al vra om die kat kos te gee. Wys vir hom hoe om die katkos en water in die bakkies te gooi en leer hom om dit elke dag op dieselfde tyd te doen – byvoorbeeld net voor ontbyt en aandete. Julle kan dit die eerste ruk lank saam doen.

Hy sal wel kort voor lank vir jou sê: "Mamma, wag, ons kan nog nie eet nie. Ons het nog nie vir Sokkies kos gegee nie." As dít begin gebeur, kan jy weet hy het verantwoordelikheid vir die taak aanvaar. 'n Blote takie word 'n verantwoordelikheid of plig as jou kind daarvan *onthou* sonder dat jy nodig het om hom daaraan te herinner.

DIE VERANTWOORDELIKHEIDSTOETS

Ouer: "Ons gee nou al lankal elke oggend en elke aand saam vir Sokkies kos. Ek dink jy sal dit nou baie goed alleen kan doen. Daarom sê ons dit is van nou af jou verantwoordelikheid. Ek gaan jou nie eers daaraan herinner nie – jy moet dit self onthou."
Paul: "Ek sal onthou, Mamma."
Ouer: "Ek weet jy kan. Sê nou gou vir my – wanneer gee ons vir Sokkies kos?"
Paul: "Elke oggend en elke aand voor ons eet."
Ouer: "Dis reg, ja. Dis wanneer jy dit ook moet doen. As jy dit eers onthou as jy al klaar aan tafel sit, moet jy eers opstaan en dit gaan doen voor jy verder eet. Sokkies gaan van nou af op jóú staatmaak. Dis nou *jou* werk en *jou* verantwoordelikheid. Ek gaan jou nie meer herinner nie."
Paul: "Ek sal nie vergeet nie, Mamma. Ek kan dit onthou en ek *kan* dit al doen."

Klein Paul gaan die volgende twee dae baie opgewonde wees oor sy nuwe verantwoordelikheid. Dan gaan hy begin vergeet van Sokkies se kos – en dit gaan vir sy ma die moeilikste deel van die leerproses wees. Vir die ouer gaan die versoeking baie groot wees om vir die arme kat kos te gee. Paul self gaan waarskynlik ook in sy onderbewussyn glo dat sy ma dit maar sal doen as hy die dag vergeet. As sy wil hê hy moet werklik verantwoordelikheid leer, sal sy hom baie duidelik laat verstaan dat Sokkies se kosgee *net sy* verantwoordelikheid is, en moet sy hom ook aanmoedig om dit te doen, en hom prys as hy onthou.

'n Ouer kind kan 'n moeiliker weeklikse taak kry. Hy kan byvoorbeeld die gras sny of die motor was. Hy sal wel gou leer dat hy geprys word as hy dit goed doen en dat die gevolge minder aangenaam is as hy dit vergeet, of nie reg doen nie. Sy ouer kan byvoorbeeld vir hom sê:

"Ons twee het nou die afgelope maand elke naweek saam die motor gewas, nè, Pierre. Ek dink jy kan dit nou al heeltemal goed genoeg doen sonder my hulp. Daarom is dit van nou af jou verantwoordelikheid. Ek gaan jou nie daaraan herinner nie, en ek gaan beslis nie daaroor neul nie, want nie ek of jy hou daarvan nie. Jy moet self onthou om die motor elke Saterdagoggend te was en dit binne te stofsuig.

Ek wil graag hê jy moet dit heel eerste op 'n Saterdagoggend doen – voor jy televisie kyk of êrens heen gaan. Daarna kan jy my roep om te kom kyk. Jy kan dit selfs Vrydagmiddae doen as dit vir jou makliker sal wees. Baie dankie dat jy bereid is om dié taak van my skouers af te neem."

Pierre gaan natuurlik by die eerste die beste geleentheid probeer kyk hoe ernstig sy ma was. Hy gaan kyk wat gebeur as dit nié gedoen is nie, en hy gaan ook kyk of sy met halwe werk tevrede gaan wees. Hoe meer konsekwent sy dus gaan optree, hoe beter gaan hulle twee mekaar verstaan en hoe beter gaan die verhouding tussen hulle wees.

DIE OUER SE VERANTWOORDELIKHEID

Elke takie wat die kind in en om die huis moet verrig, is vir die enkel-ouer 'n geleentheid om hom aan te moedig en te prys. Sy moet vooraf weet dat Sokkies soms honger gaan ly en dat die motor soms half gewas gaan word.

Maar daar gaan ook dae wees waarop kinders uit hul pad sal gaan om die werk goed en reg te doen, en dán is haar reaksie van die allergrootste belang. Dan moet sy vir haar kind kan sê:

> "Daar is so min tyd vir alles wat gedoen moet word. Daarom is ek so dankbaar vir jou hulp. En ek sien die motor blink vandag nog mooier as verlede week. Baie dankie – dit gaan heerlik wees om in so 'n blink wa rond te ry!"

Of Pierre nou 'n kleuter of 'n tiener is – dit is vir hom baie belangrik om sy ma so iets te hoor sê.

Gebruik elke geleentheid wat voorkom om jou kind te prys. Al klink dit dalk vir jou verspot om voor hom vir jou vriende te sê hoe blink hy die motor gewas het, is dít net wat hy nodig het. Dit gee sy selfvertroue 'n hupstootjie en dit laat hom trots voel op sy handewerk. Hy sal dalk nooit vir jou wys hoe hy so 'n opmerking waardeer nie, maar in sy hart is hy baie dankbaar.

ONTHOU

- 'n Werkie word 'n verantwoordelikheid as 'n kind onthou om dit te doen sonder om weer daaraan herinner te word.
- 'n Kind word 'n *verantwoordelike* kind as hy geleer het om die werk af te handel.

Toets jouself

Doen jy sekere werkies saam met jou kind, al kan jy hulle eintlik makliker en vinniger doen as jy alleen is? Kan jou kind aan jou reaksie sien dat jy tevrede is met die manier waarop hy sy verantwoordelikheid aanvaar het?

Bylae

9 Nuttige wenke vir die saamgestelde gesin

1. *Ouer en stiefouer moet in staat wees om gemaklik te kommunikeer.* Man en vrou moet weet dat hulle alles in hul vermoë moet doen om die twee halwe gesinne saam te snoer tot 'n hegte eenheid.

Die huweliksverhouding is die basis van die gesin, die primêre verhouding. As dit 'n positiewe en gemaklike verhouding is wat deur vrymoedigheid en openhartige kommunikasie gekenmerk word, is die ouers soveel beter in staat om in ál die behoeftes van hul kinders te voorsien. En dit is tog hul belangrikste taak in die huwelik.

2. *Ma en Pa moet mekaar toelaat om volwaardige ouers vir die kinders te wees.* Dit is van die allergrootste belang dat albei ouers sal besef dat hulle ten volle betrokke moet raak by die lewens van hul nuwe lewensmaats se kinders.

3. *Bespreek dissipline en besluit vooraf op bepaalde riglyne.* Op dié manier is die ouers albei in staat om meer konsekwent teenoor die kinders op te tree.

4. *Hou minstens een keer per week "kamerkabinet".* As daar enige probleme tussen ouer en kind in die saamgestelde gesin ontstaan, moet die ouers dit so gou moontlik bespreek. As hulle dit nié doen nie, kan dit later tot verwydering tussen hulle twee lei.

> *Ma:* "Ek kry die indruk dat jy die laaste paar dae 'n bietjie kil teenoor Robbie is."
> *Stiefpa:* "Ek moet erken; jy's reg. Ek kan dit eenvoudig

nie help nie, want dit voel weer vir my asof hy verwydering tussen óns twee probeer bring."
Ma: "Ek het nog nie dááraan gedink nie. Jy is dalk reg. Maar ons weet mos dit kan nie gebeur tensy ons dit toelaat nie. Ek is seker dat ons deur ons verhouding en ons openhartigheid teenoor mekaar vir hom kan wys dat óns gesin nie ook gaan verbrokkel nie."

As die een ouer voel dat die ander nie reg opgetree het teenoor haar (sy) kinders nie, dan is die "kamerkabinet" die regte – en enigste – plek vir kritiek. Moet nooit voor die kinders begin stry nie, want hulle gaan baie gou voel dat hulle "al weer" hul ouers se huwelik laat verbrokkel.

5. *Moenie inmeng as die ander ouer (die stiefouer) jou kind dissiplineer nie, al is dit ook hóé moeilik.* Dit gebeur baie maklik dat 'n ma oorbeskermend raak teenoor haar kind as sy jare lank 'n enkel-ouer was. Daarom kan dit vir haar baie moeilik wees as daardie kind besluit om sy nuwe stiefpa te "toets". Sy moet egter nie toegee aan die versoeking om in te meng nie.

6. *Bespreek die nuwe gesinsopset by 'n "gesinsvergadering".* Sê duidelik vir die kinders waar hulle in die nuwe, saamgestelde gesin staan en hoe al die verhoudinge onderling daar uitsien.

Ma: "Ek en Hein wil graag vanaand met julle gesels oor ons vyf se nuwe lewe saam."
Robbie: "Nou waaroor moet ons praat, Mamma?"
Ma: "Ons wil gesels oor elkeen se plekkie in die gesin. Want elkeen het 'n baie spesiale plek in ons nuwe gesin. Hein is ons nuwe pa. Hy is die hoof van die gesin – ons almal se leier. Ek het vir hom gevra om al die kinders in

die huis presies dieselfde te behandel. Dit beteken dat hy teenoor jou dieselfde gaan optree as teenoor Louise en Annette, en met jou dus net so streng gaan wees as met hulle twee."

Hein: "Robbie, jy moenie dink ek wil nou jou eie pa se plek inneem nie. Dit kan tog nooit gebeur nie. Ek het jou ma lief en toe ons getroud is, het ek ook vir jou by daardie liefde ingesluit. Dis vir my baie lekker om skielik 'n seun te hê en ek wil graag hê dit moet wees asof ons mekaar jare lank al ken. Ek weet ek gaan partykeer foute maak en ek wil hê jy moet vir my sê as jy dink ek was onregverdig. Jy moet altyd onthou: as 'n mens vir iemand lief is, dan is jy ook sy vriend en dan wil jy graag help om die beste uit hom te haal. Dis hoe dit met ons twee moet wees. Is daar dalk enigiets wat jy wil weet?"

Robbie: "Hoe moet ek Oom noem? Nog steeds oom Hein? Dit klink dan nou vir my so snaaks."

Hein: "Jy moet self besluit wat jy my wil noem. Dit sal natuurlik vir my wonderlik wees as jy my 'Pa' sal noem. Maar dit gaan dalk aan die begin vir jou 'n bietjie moeilik wees."

Robbie: "Wat dink Mamma?"

Ma: "Jy moet self hieroor besluit, Robbie. As jy besluit om vir Hein 'Pa' te sê, verander dit natuurlik niks tussen jou en jou eie pa nie. Dit beteken net dat jy 'n baie gelukkige seun is – want jy het nou twee pa's! Maar dit is 'n besluit wat jy self moet neem."

Kinders kan op dié "gesinsvergadering" leer hoe om openlik en eerlik te sê hoe hulle voel. Dit moedig hulle byvoorbeeld aan om te sê hoe hulle oor die saamgestelde gesin voel. Lede van so 'n saamgestelde gesin moet kan kommunikeer om gelukkig te wees en hul probleme te kan oplos. Die gesinsbesprekings help die kind ook om die nuwe huishouding beter te verstaan, want hy sal wil weet wat elkeen se taak en posisie binne die gesin nou is.

7. *Sorg vir nuwe gesinstradisies.* Die nuwe gesin moet nou aan hul eie tradisies begin werk, want 'n ontspanne atmosfeer is 'n ideale tyd vir die gesinslede om mekaar beter te leer ken. Laat elkeen byvoorbeeld 'n beurt kry om 'n speletjie vir die speletjiesaand uit te soek en laat een van die kleiner kinders kies wat daardie aand se lekkerny gaan wees.

Die ouers moet ook beurte maak om tyd aan elke kind te bestee.

Dit is vir al die lede van die saamgestelde gesin goed om op dié manier aan eenheid en 'n gevoel van samehorigheid te bou. Dit verg wel oorgawe en tyd, maar die twee gesinne *kan* een word en saam 'n gelukkige en vervulde gesin word.